산상수훈 길라잡이

김흥규 목사 강해설교 시리즈

산상수훈 길라잡이
― 예수 따라 살기

2021년 10월 10일 처음 펴냄

지은이 | 김흥규
펴낸이 | 김영호
편   집 | 김구 박연숙 정인영 김율 디자인 | 황경실
펴낸곳 | 도서출판 동연
등   록 | 제1-1383호(1992. 6. 12)
주   소 | 서울시 마포구 월드컵로 163-3
전   화 | (02)335-2630
전   송 | (02)335-2640
이메일 | yh4321@gmail.com
블로그 | https://blog.naver.com/dong-yeon-press

Copyright ⓒ 김흥규, 2021

ISBN 978-89-6447-731-1 04230
ISBN 978-89-6447-730-4(김흥규 강해설교 시리즈 세트)

김흥규 목사 강해설교 시리즈

산상수훈 길라잡이

예 수 따 라 살 기

김흥규 지음

동연

추천의 글

산상수훈은 기독교라는 울타리에 갇히지 않는다. 20세기 인도의 독립운동을 이끌었던 마하트마 간디는 운동의 핵심 원리와 전략을 산상수훈에서 얻었다. 그는 톨스토이가 쓴 산상수훈 해설집을 읽었고, 바로 그것이 가장 현실적인 독립운동의 방식이라고 판정했다. 정작 그리스도교인들은 산상수훈에 대해서 다른 생각을 하고 있는데 말이다.

예를 들어 위대한 개혁가 마르틴 루터는 산상수훈은 인간이 죄인이고, 죄를 지을 수밖에 없는 존재라는 것을 알려준다고 하였다. 곧, 산상수훈은 인간이 문자 그대로 지킬 수 없는 계명들을 모았다는 의미다. 기독교 밖에서는 실천 원리로 보고, 정작 기독교 내부에서는 우리의 부족함을 알려주는 말씀이라고 평가하다니, 역설이다. 그렇다면 예수 그리스도의 의도는 어느 쪽에 가까울까?

산상수훈은 '천국 시민', 곧 '예수 따르미'의 '제자도'를 말한다. 그것의 핵심은 왕 같은 통치자로서 살아가는 것이다. 산상수훈을 담은 마태복음에 따르면 하나님은 세상을 다스리시고, 예수 그리스도는 온유하고 겸손한 왕이다. 그리고 그를 따르는 이들은 열두 보좌에 앉아 이스라엘을 다스릴 것이다. 통치자로서, 그것도 이상적인 통치자로서 살아가는 것이 제자도의 핵심에 있다.

통치자는 일반 사람이 아니다. 통치자는 일반인과 달리 그만의 자격과 능력과 덕을 갖추어야 한다. 산상수훈에서 예수 그리스도는 청중에게 그것을 요청한다.

그렇다면 너무나 이상한 요청 아닌가? 예수 그리스도의 청중들 가운데 그런 왕적인 통치자는 없었다. 그 앞에 모인 사람들이라고 해봐야 그저 맨사람이었다. 이른바 동시대 지도자들이 볼 때 그 청중들은 높은 자의식도 주체성에도 도달하기 전의 씨올이었다. 예수가 그런 사람들을 두고 통치자의 자격과 능력과 덕을 요청하니 한 이름 높은 신약학자는 이를 두고 실제 신분과 의식의 불일치를 요구하는 것이라 했다. 부정적인 말로 이를 허위의식이라고 부른다. 찢어지게 가난한 사람이 부자인양하고, 배운 것 없는 사람이 지식인양하면 수치와 조롱을 당한다. 그러나 놀랍게 예수 그리스도는 청중을 통치자로 상정하고 가르친다.

"긍휼히 여기는 자"는 복이 있다는 선언을 생각해 보자. 그의 청중 대다수는 늘 긍휼히 여김을 받고 싶은 이들이다. 종, 노예, 약자는 상대방에게서 긍휼을 원한다. 그들이 상대방에게 긍휼을 베풀 기회가 얼마나 있겠으며, 또 그렇게 할 수 있는 형편이 되겠는가. 그런데 예수 그리스도는 다른 세상이 도래할 때 그 세상을 이끌어나갈 통치자들이 바로 예수의 말을 듣고 있는 그들이라고 선언한다.

　김흥규 목사님/신학자의 이 책은 산상수훈을 이해하고자 하는 분들에게 차근차근 그 진의를 알려준다. 나는 '차근차근'을 강조해서 썼다. 글의 내용과 전개가 찬찬하고 조리 있다. 그간 이루어진 많은 연구를 장황하게 늘어놓지 않는다. 요긴한 정보를 간추려 논의에 필요한 만큼만 정갈하게 제시한다. 글의 초점은 단아하고 명확하여 알아듣기는 쉬우나 생각을 깊게 한다.

　이 책을 읽고 있는 도중에 아주 정갈하게 차려진 밥상이 떠올랐다. 기름진 식탁도 온갖 음식이 차려진 뷔페도 아니다. 그렇다고 초라하고 부실하지도 않다. 이 밥상은 과식과 미식의 시대에 정성과 수고로 차린, 그래서 우리가 평소에 그리워하는 그러한 밥상이다. 글을 읽는 내내 그런 이미지가 떠올랐다.

　가끔 매체에서 유명하다는 설교자의 설교를 듣게 된다. 죄송하지만 저것이 설교인지 아니면 잡다한 정보를 재간 있게 버무려 놓은 것인지 불분명할 때가 많다. 설교는 하나님의 말씀인 성경 말씀에 집중하여 그 말씀의 고갱이를 이 시대에 풀어놓는 것이다. 그렇다면 이 『산상수훈 길라잡이』는 오늘날 설교자들이 유심히 보고 따라야 할 모범 같아 보인다. 예수를 믿고 따르기를 바라는 분들 모두에게 진심으로 이 책을 추천한다.

김학철 교수

(연세대학교 학부대학, 신약학자)

산상수훈은 내용도 어렵고 실천도 어렵습니다. 예수님은 왜 이 토록 어려운 말씀을 주셨을까요? '천국 시민'으로서의 그리스도인 의 기준을 제시하기 위함입니다. 우리가 좋은 그리스도인인지 나쁜 그리스도인인지 어떻게 알 수 있을까요? 기준에 맞춰 재봐야 합니 다. 명문 학교일수록 학력 평가에 대한 기준이 높습니다. 들어가는 기준도, 나오는 기준도 까다롭습니다. 산상수훈이 세운 예수 따르 기의 기준도 혀를 내두를 만큼 까다롭습니다.

이 기준을 적용해 우리를 평가하면 형편없이 함량 미달이라는 사실을 깨닫게 됩니다. 그런대로 괜찮은 예수쟁이라고 자부한 착각 이 산산조각으로 깨집니다. 산상수훈의 기준에 미치기가 심히 어렵 다는 사실 때문에 우리는 겸손히 하나님의 은혜를 구할 수밖에 없 습니다.

'진정한 그리스도인', 즉 '세상 사람과 구별되는 천국 시민'의 기 준은 있어야 합니다. 언제 어디에서 어떤 삶을 살든지 간에 우리가 '예수 따르미'답게 살고 있는가를 이 기준에 따라 측량할 수 있기 때문입니다.

산상수훈 전체는 우리가 예수 그리스도의 인격과 삶을 따르는 '제자'가 되기를 요구합니다. 본회퍼가 그토록 비판한 '값싼 은혜'

(billige Gnade)가 아닌, 그리스도를 본받고 십자가 고난을 마다하지 않는 '값비싼 은혜'(teure Gnade), 즉 '제자도'(Nachfolge)의 실천을 요구합니다.

신학자이면서 목회자, 설교자인 저는 어정쩡합니다. 양다리를 걸치기에 '신학교'나 '교회' 어느 캠프에도 완전히 속하지 못하고, 양 경계선에서 머뭇거리는 '주변인'입니다. 그리하여 글을 써도 완벽한 형식을 갖춘 학술논문처럼 쓰지 못하고, 설교를 해도 영성과 감성에 호소하는 은혜파, 성령파 설교가 못 됩니다. 어설프게도 양쪽 기준에 다 못 미치고, 어떨 때는 협공도 받습니다.

그런데도 저와 같은 '목회자적 신학자' 혹은 '신학자적 목회자'도 필요하다고 생각합니다. 학적으로 수준 높은 신학자의 주석은 너무 어렵고 영감도 부족하고, 영적으로 은혜로운 목회자의 설교문은 신학적 깊이가 부족해 보입니다. 여기에 내는 산상수훈 강해서는 그런대로 신학적 깊이와 목회적 현장성을 겸비했다고 자위해봅니다. 다만 신학이나 목회, 설교에 늘 제 자신이 '길잡이' 정도의 역할을 한다는 생각에서 책 제목도 『산상수훈 길라잡이』로 했습니다.

추천의 글을 써주신 김학철 교수님과 붙임글을 써준 친구 이광훈 목사님께 감사드립니다. 이번에도 수지 타산을 따지지 않고 선뜻

책을 내주신 동갑내기 김영호 장로님께 고마움을 표합니다. 꽤 오
랫동안 산상수훈 연속 강해설교를 경청해주신 내리 교우들께 머리
숙여 감사의 마음을 전합니다. 그리고 보니 이 글도 강단에서 육화
된 생생한 말씀이네요!

주후 2021년 8월 31일

폭염暴炎과 폭염暴染을 뚫고 가을을 기다리며

丹村 金興圭

차 례

1. 산상수훈은 왜, 누구에게?

'산상수훈', 그 어려운 말씀

마태복음에서 제일 먼저 등장하는 가장 긴 예수님의 설교 모음집이 있습니다. 5-7장의 '산상수훈山上垂訓' 혹은 '산상설교'(Sermon on the Mount)지요. 산상수훈은 가장 유명한 말씀이지만, 가장 이해하기 어려울 뿐 아니라 실천하기도 가장 어렵습니다. 산상수훈은 절대적이고 비타협적인 요구로 유명합니다. 예컨대 5:29-30은 이렇게 말씀합니다.

> 만일 네 오른 눈이 너로 실족하게 하거든 빼어 내버리라 네 백체 중 하나가 없어지고 온몸이 지옥에 던져지지 않는 것이 유익하며 또한 만일 네 오른손이 너로 실족하게 하거든 찍어 내버리라 네 백체 중 하나가 없어지고 온몸이 지옥에 던져지지 않는 것이 유익하니라.

현대인들이 쉽게 알아듣도록 유진 피터슨^{Eugene Peterson}(1932~2018)
이 의역한 『메시지 성경』은 29절을 이렇게 번역합니다.

> 네 오른쪽 눈이 음흉하게 곁눈질하는 것을 알아차리는 순간에, 너는 그
> 눈을 멀게 해야 한다.

피터슨은 이 구절이 "간음하지 말라"는 맥락에서 나온 것임을
정확히 짚었습니다. 간음하는 것만이 죄가 아니라, 여성을 보고 음
욕을 품는 것 자체가 이미 간음한 것이라는 과격한 주장이지요. 그
러면서 오른 눈이 죄를 짓게 하거든 그 눈을 빼버리라고 명령합니
다. 죄를 짓고 온몸이 지옥 불에 던져지는 것보다 한쪽 눈을 실명하
는 편이 더 낫기 때문입니다.

이런 절대적 요구는 눈으로 보고 음심을 품는 것에만 그치지 않
고, 우리 온몸으로 지을 수 있는 죄의 모든 영역에 다 미칩니다. 오
른손이 죄를 짓게 하거든 그 손을 찍어내야 하는데, 이것을 확대하
면 신체 모든 기관에 두루 적용됩니다. 오른발과 오른쪽 귀와 입이
죄를 짓게 하거든 그 지체를 제거해야 합니다. 이대로 한다면, 이
세상은 몸 한두 군데가 훼손된 장애인들로 가득 찰 것입니다.

산상수훈에는 세상에서 도저히 지킬 수 없을 것만 같은 윤리적
명령으로 가득 차 있습니다. 이것은 도입부에서 천둥처럼 울리는
'팔복 선언'(Beatitudes)에서 여실히 드러납니다. 세상은 부자가 행
복하다고 말하기에 내남없이 돈 벌기에 바쁜데, 가난한 자가 행복

하다고 선언합니다. 즐거워하는 자가 복이 있다고 아는데, 슬퍼하는 자가 복이 있다고 합니다. 바늘로 찔러도 피 한 방울 안 나올 것 같은 냉혹한 사람이 성공한다고 믿는 세상에 온유한 사람이 복이 있다고 단언합니다. 산상수훈의 가르침이 세상의 일반 통념과 다르다는 사실이 벌써 '팔복'에서부터 드러납니다.

왜 산상수훈을?

예수님은 왜 이렇게 실천하기 어렵고 갑갑한 말씀을 하셨을까요? 어떤 사람은 "누가 오른쪽 뺨을 치거든 왼쪽 뺨까지도 돌려대라"(마 5:39)는 절대적 요구가 '불가능한 가능성'(impossible possibility, 논리적으로는 가능하지만, 현실적으로 실행에 옮기기에는 불가능하다는 의미에서)으로 일축합니다. 산상수훈은 예수님을 따르는 모든 그리스도인에게 주신 교훈이 아니고 소수의 엘리트 제자들, 즉 예수님을 위해 모든 것을 버리기로 순명順命 서약을 한 수도사들에게나 적합한 말씀으로 해석합니다.

예수님 시대와 초대교회 시대는 세상의 종말이 임박했다고 믿은 위기의 시대였기에, 산상수훈이 그런 세상 끝날의 분위기에 필요한 일종의 '중간 윤리'(interim ethics)라고 해석하는 사람도 있습니다. 내일 곧 세상의 종말이 오면 예수님이 요구하신 극단적이고 배타적인 요구를 실천할 수 있겠지만, 모든 것이 평온하게 굴러가는 정상적인 세상에서는 그럴 수 없다는 것이지요.

임박한 종말론의 빛에서 산상수훈을 해석할 경우, 산상수훈은 비상 계엄령이 선포된 국가적 위기 상황에서 일종의 계엄법과 같은 효력을 가진다고 볼 수 있습니다. 이것은 '세대주의'(dispensationalism) 해석과도 연결되는데, 산상수훈은 율법주의 시대의 마지막 산물일 뿐이기에 십자가와 부활 이후에 도래할 복음과 은혜 시대에는 그런 율법적 명령을 따를 필요가 없다는 것입니다.

가톨릭 신학의 대부 토마스 아퀴나스Thomas Aquinas(1225~74)는 '계율'(precepts, 명령)과 '권고'(counsels, 제안)로 분리해서 산상수훈에 접근했습니다. 십계명과 같은 근본적이고 보편적인 도덕법에는 누구나 실천해야 할 도덕적 강제성이 있지만, 조금이라도 죄지을 기미가 엿보이는 오른 눈을 빼고 오른손을 찍어버리라는 산상수훈의 가르침은 '좋은 본보기'(good example)로 삼아 실천하도록 노력하라는 권고나 제안이라는 것입니다. 이런 맥락에서 가톨릭교회는 '죽음에 이르는 치명적인 죄'*와 '경미한 죄'를 구분했습니다.

마르틴 루터Martin Luther(1483~1546)는 그리스도인이 '천국 시민'인 동시에 '지상 시민'이라는 '이중 정체성'에 주목합니다. 산상수훈의 절대적 명령은 그리스도의 나라에서는 문자 그대로 철저히 엄수돼야 하지만, 공권력의 지배를 받는 지상 국가에서는 적용하기 어렵다는 것입니다. 예컨대 기독교 신자인 군인이 전투에 뛰어들 때 "원

---

* 4세기 이집트의 사막 수도사들로부터 시작된 '죽음에 이르는 7가지 죄'(the seven deadly sins/칠죄종七罪宗)는 교만, 시기, 분노, 나태, 탐욕, 탐식, 정욕이다.

수를 사랑하라"는 가르침을 어떻게 해석해야 할까요? 루터에 따르면 그 군인은 '원수 사랑'을 마음으로는 따라야 하지만, 국민의 생명과 재산을 지켜야 하는 정의로운 전쟁일 경우에는 무력을 사용해서 악과 폭력에 맞서 싸워야 합니다.

　루터의 '이중 시민권' 역설에 따라서 히틀러 치하에서 2차 대전에 참전한 루터교 신자들은 속으로는 예수님 사랑의 원칙을 고수했는지 모르지만, 외적으로는 나치의 부당한 명령에 복종해서 유대인을 비롯해 적으로 간주한 사람들을 무자비하게 도륙했습니다. 그러니 정신분열증을 겪을 수밖에 없었겠지요!

　우리와 같은 보통 신자가 이 세상에서 산상수훈의 절대적 요구를 실천하기가 무척이나 어려웠기에 이런 다양한 타협안들이 나왔을 것입니다. 그렇다면 예수님이 산상수훈을 주실 때 어떤 부류의 사람들을 대상으로, 어떤 기대를 품으셨을까요? 시간과 공간을 뛰어넘어 지구상에 거하는 모든 예수 따르미들에게 주신 말씀일까요? 아니면 긴박한 종말의 시기에 특별한 사람들에게만 주신 비상계엄령과 같은 한시적 계명일까요?

　아퀴나스가 꼭 지켜야 할 '계율'과 지키면 좋을 것이라고 제안하는 '권고'를 분리해서 접근한 것은 나름, 통찰력이 있습니다. 그러나 예수님은 산상수훈에서 "간음하지 말라"는 십계명의 7계를 언급하시면서, 하나님 나라의 새 백성이 된 예수 따르미는 그 7계 이상을 준수하는 사람이 될 것을 요구하십니다. 따라서 "간음하지 말라"는 프리셉트_precepts_는 "여자를 보고 음욕을 품는 사람은 이미 간음했다"

라는 예수님의 새 카운슬counsels과 다르지 않습니다. 다시 말해 산상수훈에서는 '프리셉트'나 '카운슬'이 동일한 가치와 구속력을 가집니다.

산상수훈의 원原 청중은?

산상수훈의 절대적 요구를 현실과 조화를 이루기 위해 제시한 타협안들에는 각각 그 나름의 장점이 있겠지만, 산상수훈을 최초로 발설하신 예수님의 원뜻을 고려하기에는 역부족입니다. 우리는 예수님의 본本 의도와 원原 청중의 상황을 살펴봐야 할 것입니다. 5:1-2은 산상수훈이 선포된 상황과 원 청중을 이렇게 기술합니다.

예수께서 무리를 보시고 산에 올라가 앉으시니 제자들이 나아온지라 입을 열어 가르쳐 이르시되.

여기에서 산상수훈의 원 청중으로 추정되는 두 그룹의 사람들, 즉 '무리'(ὄχλος, 오클로스, the crowds)와 예수님의 '제자들'(μαθηταί, 마데타이, disciples)을 주목해야 합니다. 복음서에서 '무리'는 이기심 반, 호기심 반으로 예수님 주변으로 몰려든 군중입니다. 예수님에 대한 헌신도가 떨어진 상태에서 일시적으로 예수님께 나아오다가 기대가 채워지지 않으면 금방 떠나는 사람들이지요.

반면에 '제자들'은 헌신도나 몰입도가 훨씬 더 큰 사람들입니다. 제자들 가운데 예수님이 직접 불러 세우신 12사도와 베드로, 야고

보와 요한과 같은 수제자 코어 그룹이 탄생합니다. 이것을 동심원으로 그려보면, 맨 외곽부터 중심까지 '무리들' → '제자들' → '12사도' → '수제자' 순이 될 것입니다.

산상수훈의 주±청중이 '제자들'인 것은 확실하지만, 과연 '무리들'까지도 예수님의 말씀을 들었을까요? 마태복음 1-4장에서 예수님이 부르신 제자는 시몬 베드로와 그의 형제 안드레, 세베대의 아들 야고보와 그의 동생 요한, 넷뿐입니다. 비밀결사와 같은 네 명의 제자들에게만 주신 말씀일까요? 무리까지 포함해서 허다한 사람들에게 주신 교훈일까요? 이 질문에 답하려면 산상수훈 직전과 직후에 나오는 말씀을 살펴봐야 합니다.

4:23-25	"예수께서 온 갈릴리에 두루 다니사 그들의 회당에서 가르치시며 천국 복음을 전파하시며 백성 중의 모든 병과 모든 약한 것을 고치시니 그의 소문이 온 수리아에 퍼진지라 사람들이 모든 앓는 자 곧 각종 병에 걸려서 고통당하는 자, 귀신 들린 자, 간질하는 자, 중풍병자들을 데려오니 그들을 고치시더라 갈릴리와 데가볼리와 예루살렘과 유대와 요단강 건너편에서 **수많은 무리**가 따르니라."
5:1-7:27	**산상수훈**
7:28-29	"예수께서 이 말씀을 마치시매 **무리들**이 그의 가르치심에 놀라니 이는 그 가르치시는 것이 권위 있는 자와 같고 그들의 서기관들과 같지 아니함일러라."

산상수훈 바로 앞에 예수님의 공생애 사역을 요약한 보고(4:23-25)를 보면 첫째, 예수님은 발품을 팔아 온 갈릴리를 두루 다니시거

나 회당에 들어가서 가르치셨습니다. 둘째, '천국 복음'을 선포하셨습니다. 셋째, 모든 질병과 약함을 고치셨습니다. 세 사역 때문에 수많은 무리가 예수님을 따라왔는데, 이들이 산상수훈의 현장에도 있었던 것 같습니다. 이것은 산상수훈이 끝났을 때도 무리가 등장하기 때문입니다(7:28-29).

'무리들'은 마치 책 받침대(bookends)가 양쪽 끄트머리에서 가운데 책들을 감싸고 있듯이 처음과 끝에서 산상수훈을 둘러싸고(in-clusio) 있습니다. 그러므로 예수께서 산상수훈을 설교하실 때 현장에서 말씀을 들은 원 청중은 4명의 제자만이 아니고, 무리들까지 포함됐을 것입니다.

산상수훈은 밀교 집단과 같은 소수의 엘리트 제자들에게만 주신 말씀이 아니라, 들을 귀를 가진 모든 자에게 주신 말씀입니다. 예수님의 절대적 요구를 세상에 나가 실천할 수 있느냐 없느냐의 문제는 별개입니다. 산상수훈의 요구는 물과 성령으로 거듭난 원숙한 신자들만이 살아낼 수 있을 만큼 무거운 것이 사실입니다. 무리들은 물론이고 4명의 제자도 자연인 상태에서는 감당하기 어렵습니다.

그런데도 소수의 엘리트에게만 주신 것이 아니고, 예수님을 따르는 사람 모두에게 주신 교훈이라는 사실이 중요합니다. 어떤 사람이 듣고 나서 말씀대로 사느냐 안 사느냐는 두 번째로 중요합니다. 무리 가운데는 천국 시민으로 편입된 뒤에 성령의 감화감동으로 은혜를 받아 말씀대로 살아가려고 발버둥 친 사람들도 있었을 것이고, 자기 힘으로 안 된다는 역부족을 느껴 이탈하는 사람들도 있었겠지만, 예수님을 따르는 모든 사람을 대상으로 선포하신 교훈이라는 사실 한 가지가 중요합니다.

나이 오십이 넘어 남미에 이민을 간 사람이 있다고 가정해봅시다. 우리나라의 관습에만 익숙한 사람이 아르헨티나와 같은 외국에 가면 문화 충격이 생깁니다. 그 나라에서 지켜야 할 법률이나 예절, 풍속 등등을 배워서 낯선 문화에 하루빨리 적응해야 합니다. 현지인 누군가가 그 나라와 관련된 이런저런 질서를 가르쳐 주는 이유는 이민 온 한국인을 도와주기 위함입니다. 산상수훈을 주신 목적도 우리가 천국 시민으로서 잘살아가도록 길라잡이 역할을 하려는데 있지, 무거운 짐을 지우고 좌절감이나 죄책감을 주려는 것이 아닙니다.

산상수훈 = 천국 시민의 행동 강령

산상수훈은 새로운 천국 시민이 지켜야 할 대헌장(Magna Carta)입니다. 천국 시민의 행동 강령이자 수칙이지요. 바울 사도는 "우리의 시민권(πολίτευμα, 폴리튜마, citizenship)이 하늘에 있다"(빌 3:20)라고 했습니다. 스탠리 하우어워스Stanley Hauerwas(1940~)와 윌리엄 윌리몬William Willimon(1946~)은 『하나님의 나그네 된 백성』(Resident Aliens, 1989)에서 그리스도인들은 하늘에서 이 땅으로 이식된 '천국 식민지'(heavenly colony) 시민들로서 세상과는 구별된 삶을 살아야 한다고 주장합니다. 우리는 이 땅에서 살지만, 천국의 식민지 백성으로 삽니다.

철학자 키르케고르S. Kierkegaard(1813~55)의 말대로 한다면, 우리는 하나님이 이 세상에 밀파하신 '거룩한 밀정'입니다. 세상에 나가면 평소에는 우리가 스파이인 것을 사람들이 눈치채지 못합니다. 하지만 안으로는 철두철미 우리를 밀파하신 하나님의 지령을 따라서 움직입니다.

산상수훈은 죄 많고 복잡한 현실에서 실천하지 못하는 좌절감을 주기 위함이 아닙니다. "오른뺨을 얻어맞거든 왼뺨마저 돌려대고", "원수를 사랑하라"는 비폭력과 비보복, 원수 사랑이 전략적으로나 실용적으로 더 효과가 있기 때문도 아닙니다.

산상수훈의 모든 내용이 하늘에 계신 하나님의 인격과 성품을 드러내기 때문에 그 하나님의 자녀로 편입된 우리 역시 그런 인격과 성품으로 변화돼야만 한다는 데 초점이 있습니다. 예수님의 중심 메시지인 '하늘나라'(天國)의 주인이신 하나님 아버지는 햇빛과 단비를 선인에게만 주시는 것이 아니라 악인에게도 골고루 주시기 때문에(마 5:45), 그 아버지를 모시고 사는 우리 역시 그분의 성품을 빼닮아 그렇게 살지 않으면 안 됩니다.

산상수훈에는 예수님의 인격과 성품이 가르침과 직결됩니다. 팔복을 비롯한 산상수훈 전체는 예수님 자신을 말하는 것이기에 산상수훈은 예수께서 자신의 모습을 있는 그대로 그리신 '최고의 자화상'입니다. 산상수훈은 철두철미 기독론적 진술입니다. 예수님의 성품과 예수님의 아버지 하나님의 성품이 이러이러하기에 예수님의 제자요, 하나님의 자녀로 살아가는 우리 역시 그 하나님을 모시고 사는 천국 시민답게 세상과는 구별된 삶을 살아야만 합니다.

산상수훈은 인간의 근본적 죄성 때문에 누구나 다 실천 가능한 말씀이 아닙니다. 그렇다고 해서 아무도 도달할 수 없는 신기루蜃氣樓와 같이 공허한 이상도 아닙니다. 물과 성령으로 거듭나서 세상과 구별된 천국 시민으로 편입된 사람이면 누구나 다 추구해야 할 영원한 '기독교적 이상'(Christian ideal)입니다.

2. 팔복 파노라마

2.1 팔복의 기본 이해

산상수훈의 첫머리는 팔복 선언으로 시작합니다. 산상수훈이 왕관이라고 한다면, 왕관에 박힌 가장 빛나는 보석이 팔복이지요. 산상수훈 전체가 천국 시민이 살아내야 할 행동 강령이라고 한다면, 팔복 역시 천국 시민이 현재뿐만 아니라 세상 끝날에 누리게 될 행복을 들려줍니다.

산상수훈 전체가 세상이 받아들이기 어려운 교훈으로 가득 차 있듯이, 팔복 역시 세상 사람들이 추구하는 행복관과는 사뭇 다릅니다. 팔복 전체의 요점은 "불행자가 행복하다"라는 논리입니다. 세상 사람들이 행복의 필수 요건이라고 생각하는 돈, 권세, 명예, 향락, 외모, 성공 등등이 하늘나라에 장애가 되기에, 팔복을 누리는 천국 시민이 되려면 먼저 새로운 관점과 태도 수정이 요구됩니다.

산상수훈 전체를 이해하는 키워드는 '천국'입니다. 천국은 '이미'(already)와 '아직 아니'(not yet)의 역설적 긴장과 모순에 놓여 있습니다. 2천 년 전 예수님이 오셨을 때 이미 시작됐지만, 예수님이 재림하실 때 **최종적으로** 완성될 나라입니다. 그러므로 그리스도를 믿고 천국 시민이 된 그리스도인 역시 지금 여기에서 이미 누리기 시작했지만, 세상 종말과 함께 궁극적으로 완성될 하나님의 나라를 대망하면서 그 중간기(between times, 하나님 나라의 시작과 완성 사이)를 삽니다.

'하나님의 나라'—마태복음의 용어대로 한다면, '하늘나라'(天國)—는 세상 나라와 가치관이 다르므로 천국 시민으로 살기 위해서는 세상 사람들과 구별되는 삶을 각오해야 할 뿐 아니라, 구별됨 때문에 미움과 박해까지 받습니다.

5:3-10의 팔복은 헬라어 원어 성경에 총 72글자로 돼 있습니다. 3-6절까지가 36글자, 7-10절까지 36글자입니다. 3-6절의 '복 받은 사람들'은 헬라어 'π'(파이)로 시작하는 단어로 구성됩니다. 우연이라고 보기는 어려운, 치밀한 문학적 기법이지요.

3절	가난한 자(the poor in spirit) = πτωχοί(프토코이)
4절	애통하는 자(those who mourn) = πενθοῦντες(펜둔테스)
5절	온유한 자(the meek) = πραεῖς(프라에이스)
6절	의에 주리고 목마른 자(those who hunger and thirst for right-eousness)에서 주린 자 = πεινῶντες(페이논테스)

팔복은 1복과 8복 두 복이 천국을 누리는 복입니다. 2~6복은 미래형인데, 1복과 8복은 현재형입니다. 천국을 누리는 복은 세상 끝날에 가서 얻게 될 복이 아니라, 예수님이 오신 뒤 이미 지금 여기에서 누리는 현재의 복입니다. 그리스도를 믿고 따르는 제자는 이미 지상에서 천국 생활을 시작했다는 말이지요. 팔복은 1복과 8복이 약속하는 '천국 누림의 복'이 처음과 끝에서 가운데 여섯 가지 복을 감싸는 형태의 수미상관법首尾相關法(inclusio) 구조입니다.

제1복	심령이 가난한 자들 → 천국이 그들의 것임(theirs is the kingdom of heaven).
제2복	애통하는 자 → 위로를 받게 될 것임(they will be comforted).
제3복	온유한 자 → 땅을 기업으로 받을 것임(they will inherit the earth).
제4복	의에 주리고 목마른 자 → 배부르게 될 것임(they will be filled).
제5복	긍휼히 여기는 자 → 긍휼히 여김을 받게 될 것임(they will receive mercy).
제6복	마음이 청결한 자 → 하나님을 보게 될 것임(they will see God).
제7복	화평하게 하는 자 → 하나님의 자녀라 일컬음을 받게 될 것임(they will be called children of God).
제8복	의를 위해 박해를 받는 자 → 천국이 그들의 것임(theirs is the kingdom of heaven).

이런 문학 구조로 본다면, 팔복은 천국을 누리는 복으로 시작해서 천국을 누리는 복으로 끝나는데, 그 천국 생활을 하는 가운데 장차 위로를 받고 땅을 얻고 긍휼히 여김을 받고 하나님을 보고 하나

님의 자녀로 불리는 복을 약속받습니다. 최종적으로 하늘나라가 완성될 때 지상의 가치관이 모조리 뒤집혀서 세상에서 불행한 것처럼 보이는 사람들이 행복하고 영화롭게 된다는 비전입니다.

팔복은 개인이 한 가지나 서너 가지 복만 누리면 되고, 다른 사람은 다른 복을 누리는 식의 '따로따로의 복'이 아닙니다. 팔복은 예수님 자신에 관한 복이기에 예수님의 인격과 사역에 8가지 복이 유기적으로 연결돼 하나입니다. 우리도 예수님처럼 팔복을 받기에 합당한 성품과 태도를 갖춘다면, 팔복을 똑같이 누립니다.

팔복은 2행行 1연聯의 2행시가 총 8개, 즉 8연 16행으로 배열된 운문입니다. 팔복의 헬라어 원전 문장 구조는 우리말 성경 순서와는 다릅니다. 1복의 원문 배열과 우리말 순서를 비교하면 아래와 같습니다.

헬라어	Μακάριοι(마카리오이/복이 있다/Blessed) / οἱ πτωχοὶ τῷ πνεύματι(호이 프토코이 토 프뉴마티/심령이 가난한 자는/the poor in spirit) / ὅτι αὐτῶν ἐστιν ἡ βασιλεία τῶν οὐρανῶν(호티 아우톤 에스틴 헤 바실레이아 톤 우라논/왜냐하면 하늘나라가 그들의 것이기 때문이다/for theirs is the kingdom of heaven)
우리말	"심령이 가난한 자는 복이 있나니 천국이 그들의 것임이요."

단연코 헬라어 원전이 중요하기에 이 원문으로 보건대, 팔복은 예수님의 행복 선언으로 시작합니다. 그다음에 이 복을 받는 자가 어떤 사람인지를 언급합니다. 그런 뒤 이 사람이 왜 복이 있고, 어

떤 복을 누리는지를 설명합니다. 원문 구조는 ① "행복 선언" → ② "행복자 특정" → ③ "어떤 복을 받기에 그가 행복한지 이유를 설명" 하는 순서로 돼 있습니다.

팔복에서 계속 되풀이되는 "복이 있다"라는 헬라어 'μακάριος' (마카리오스, blessed, glückselig)에는 어떤 뜻이 있을까요? 우선 "마카리오스"라는 선언은 예수께서 우리의 성품이나 태도를 인정해서 "복되도다" 선언하시는 객관적 상태입니다. 기분이나 환경에 따라서 쉽게 변하는 주관적 상태가 아닙니다. 기분이나 환경에 따라서 우리의 행복이 결정된다면, 그런 행복은 종잡을 수 없습니다.

마카리오스는 세속의 행복과는 차원이 다른, 하나님께서 주시는 초월적 선물로서의 행복입니다. 하나님께서 우리의 성품과 태도와 행동거지를 보시고 인정하셔서 영예(honor)를 안겨주시는 복입니다. 대통령이 우리를 인정해서 영예를 안겨준다면 그것도 영광일 텐데, 하물며 하나님께서 우리를 인정하셔서 비길 데 없는 영예를 허락하신다면 이보다 더 큰 행복은 없을 것입니다.

마카리오스는 하나님께서 어떤 사람의 성품이나 태도를 보시고 복이 있다고 선언하시는 객관적 상태이기에 누구도 뺏을 수 없고 환경에 따라 쉬 변하지도 않는 한결같은 복입니다. 그야말로 희로애락의 감정 상태와 불규칙한 환경을 초월해서 주어지는 내적 기쁨이지요. 우리의 느낌이나 상황과 관계없이 늘 기뻐하고 감사할 수 있는, 영혼 깊은 곳에서 흘러나오는 행복감입니다.

2.2 제1복: "심령이 가난한 자의 복" 〈마 5:3〉

오직 나는 가난하고 슬프오니 하나님이여 주의 구원으로 나를 높이소서 (시 69:29).

하나님 앞에 선 거지들

첫째 복은 마음이 가난한 사람이 누리는 복입니다. '가난' 자체는 좋은 것이 아니지요. '경제적 가난'은 권장할 만하지 않습니다. 우리나라도 한때 국가적으로 극심한 빈곤을 겪은 적이 있습니다. '보릿고개'라는 말이 있을 정도로 먹거리 때문에, 내남없이 고생했습니다. 가난은 국가적으로 극복해야 할 공적입니다.

예수께서 과연 물질적으로 가난한 자가 복이 있다고 말씀하셨을까요? 마태의 산상설교와 비슷한 누가의 평지설교는 "가난한 자가 복이 있다"(눅 6:20)라고 선언합니다. 경제적 가난을 염두에 둔 것이지요. 누가와 달리 마태는 가난 앞에 '심령이'(τῷ πνεύματι, 토 프뉴마티, in spirit)라는 단서를 답니다. 영적인 차원의 가난을 염두에 둔 것이지요.

예수께서 물질적으로 부자냐 가난하냐에 관심을 두신 것은 아닐 것입니다. 물론 물질적으로 부유한 사람은 심령이 가난해지기가 쉽지 않습니다. 하나님보다 자신의 재력을 더 믿고 교만하기 쉽습니다. 그런데도 잘 베푸는 아름다운 부자가 있는가 하면, 인색하고 강퍅한 빈자도 있습니다. 어쨌든 예수님은 물질적 부와 상관없이 '마음의 가난'에 초점을 두십니다.

심령의 가난은 영적으로 빈곤하거나 정신적으로 의기소침한 상태가 아닙니다. 자기비하나 자기혐오와도 거리가 멉니다. 교만한 자가 겉으로 꾸민 채 일시적으로 과시하는 '겸빙교'(겸손을 빙자한 교만)는 더더욱 아닙니다. 심령 가난은 필연적으로 드러나는 인격적 특질이요 자연스러운 성품입니다.

"마음이 가난하다"라는 것은 어떤 상태일까요? '가난한 사람'은 헬라어로 'πτωχοί'(프토코이)인데, '극단적으로 가난한 사람들'을 지칭합니다. '적빈赤貧'(abject poverty), 빈털터리 알거지 상태지요. 입을 것도, 먹을 것도, 아무것도 소유하지 않은 절대 빈곤입니다.

한시도 남의 도움 없이 살아갈 수 없는 가난한 사람은 자신의 '무기력'(helplessness)을 압니다. 자신의 생존을 위해서 손을 내밉니다. 심령 가난은 하나님 앞에서 자신의 자격 없음과 영적 파산상태를 인정하기에 언제나 회개하는 상태입니다. 세리가 성전에서 기도할 때 감히 하늘을 우러러보지도 못한 채 자신의 가슴을 치며 죄인이라고 고백한 것이 심령 가난의 대표적 예입니다(눅 18:13). 유진 피터슨의 『메시지 성경』은 첫째 복을 의역합니다.

벼랑 끝에 서 있는 너희는 복이 있다.

벼랑 끝에 선 사람은 살아야 하기에 하나님께 손을 내밀 수밖에 없습니다. 하나님을 믿고 의지해야 살 수 있는 절박한 처지이지요. 영어 성경 *New English Bible*도 첫째 복을 잘 번역했습니다.

Blessed are those who know their need of God(하나님이 필요하다 는 사실을 아는 자는 복이 있도다).

심령이 가난한 사람은 절대 빈곤과 절대 부족을 절감하기에 매 사에 하나님께 겸손히 의지합니다. 매 순간 하나님의 은혜 없이 살 수 없다고 고백합니다. 어떤 이는 산상수훈 전체가 구약의 율법보 다 더 엄격한 새 율법이며 이 율법을 지켜야지만 의로워지고 구원 을 받을 수 있기에, 우리의 믿음과 하나님의 은혜로 구원받는다고 가르치는 '복음'과 맞지 않다고 주장합니다.

예수께서 새로운 '율법주의'를 조장하지 않으셨다는 사실은 1복 에서 분명합니다. 우리는 마음의 거지로서 절대적으로 하나님의 은 혜가 필요하다고 고백해야만 하기에, 자신의 행위나 공로로 의로워 지고 구원받는다는 율법주의와는 거리가 멉니다.

팔복에서 심령 가난의 복이 제일 먼저 온 이유는 이 '비움의 복' 이 다른 모든 복의 기초가 되기 때문입니다. 마음이 가난해야지만 자신의 죄를 슬퍼할 수 있고, 온유해질 수 있고, 의로움을 갈망할 수 있습니다.

심령이 가난한 사람은 하나님 한 분을 모시고 삽니다. 왜 끝없는 갈등과 염려가 생깁니까? 물질, 명예, 지위, 인기, 건강, 애정, 취미, 등등 수없이 많은 주인의 요구가 싸움을 벌여서 어느 주인부터 먼저 들어주어야 할지 모르기 때문입니다. 잡다한 주인을 섬기는 마음에는 자유가 없습니다. 평안이 없습니다. 심령이 가난한 사람은 단순합니다. 허접한 우상을 섬기지 않고, 하나님 한 분을 왕으로 모십니다.

심령이 가난한 사람과 그렇지 못한 사람의 차이는 어디에 있을까요? 세상을 바라보는 관점입니다. 교만한 사람은 세상 모든 것이 자기가 잘나서 그렇게 된 줄로 착각합니다. 하나님께서 주신 은총의 선물로 보지 않고, 자신이 노력해서 쟁취한 것이라 믿기에 교만과 탐욕에서 벗어나지 못합니다. 마음이 가난한 사람은 재산, 권력, 명예, 지위, 직장, 가족, 재주, 건강 등등 모든 것을 하나님께서 베푸신 선물로 봅니다. 해와 달과 별과 구름, 공기, 나무, 바다, 강 등등, 모든 자연까지도 하나님이 주신 선물로 봅니다. 그러기에 자랑을 하거나 허세를 부리지 않습니다.

테레사 Mother Teresa(1910~97) 수녀가 방갈로의 한 신학교에서 강연했을 때 한 수녀가 질문을 던졌습니다. "테레사 수녀님, 당신은 가난한 이들에게 모든 것을 공짜로 줘서 그들을 버릇없게 만드는 것 아닙니까?" 당돌한 질문에 테레사 수녀가 어떻게 대답할까, 청중은 숨을 죽였습니다.

"사람들을 버릇없게 만드는 분이 있다면 하나님을 따를 수 없을 것입니다. 여러분 가운데 많은 분이 안경을 쓰지 않고서도 잘 볼 수 있습니다. 하나님께서 공짜로 시력을 주셨기 때문이지요. 만일 여러분이 세상을 볼 수 있는 시력을 주신 것에 돈을 내라고 하신다면, 얼마나 많이 내야 하겠습니까? 뿐만 아닙니다. 대기의 산소를 공짜로 주셨기에 우리는 아무 값도 치르지 않고 마음껏 숨을 쉴 수 있습니다. 만일 하나님께서 '너희가 4시간 일하면 2시간 햇빛을 주겠다'고 말씀하신다면, 이 세상에 어떤 일이 일어날까요?"

테레사 수녀의 대답에 질문을 던진 수녀는 물론이고, 누구도 이의를 달지 못했습니다. 하나님께서 무상으로 베푸신 은혜는 도무지 측량할 수가 없습니다. 심령이 가난한 사람은 이 사실을 알고 늘 감사하며 삽니다.

천국을 차지하는 복

심령이 가난한 사람은 천국을 누리는 복을 얻습니다. 천국은 하나님께서 통치하시는 나라입니다. "하나님께서 통치하시고, 하나님의 뜻이 이뤄지며, 하나님께서 왕으로 계시는 상태"지요. 『메시지 성경』은 1복의 둘째 부분을 의역합니다.

너희가 작아질수록 하나님과 그분의 다스림은 커진다.

절묘한 번역입니다. 마음의 거지가 된다는 것은 작아지는 것입니다. 내가 커질수록 하나님은 안중에도 없게 되지만, "저는 하나님 없이 살 수 없습니다", 작아지면 작아질수록 하나님과 하나님의 다스림은 비례해서 커질 것입니다.

천국을 "하나님이 다스리시는 상태"로 본다면, 천국은 죽어서 가게 될 피안의 세계만이 아닙니다. 지금 여기에서 하나님께서 왕으로 통치하시고 하나님의 뜻이 이뤄지는 곳은 그 어디나 천국이 됩니다. 심령이 가난한 사람은 죄와 슬픔과 고통이 가득한 세상 한가운데에서도 날마다 천국을 누리며 삽니다.

찬송가 438장 1절의 가사, 〈내 영혼이 은총 입어 중한 죄짐 벗고 보니 슬픔 많은 이 세상도 천국으로 화하도다〉와 3절의 〈높은 산이 거친 들이 초막이나 궁궐이나 내 주 예수 모신 곳이 그 어디나 하늘나라〉가 되는 복을 누립니다.

2.3 제2복: "애통하는 자의 복" 〈마 5:4〉

주께서 나의 슬픔이 변하여 내게 춤이 되게 하시며
나의 베옷을 벗기고 기쁨으로 띠 띠우셨나이다(시 30:11).

나의 눈물을 주의 병에 담으소서(시 56:8).

슬픈 사람이 복이 있다니

둘째 복은 슬퍼하는 자가 받는 복입니다. 세상은 웃는 사람이 행복하다고 생각합니다. 슬픔에 젖은 사람을 좋아하지 않습니다. 흥을 깬다고 생각해서 슬픔을 멀리하고 웃음을 권장합니다. 예수님은 슬퍼하는 자가 복이 있다고 말씀하십니다.

애통하는 자는 복이 있나니 그들이 위로를 받을 것임이요(5:4).

'애통하다'(mourn)는 헬라어로 'πενθέω'(펜데오)인데, 슬픔을 나타내는 헬라어 가운데 가장 강렬한 표현입니다. 애간장을 태우는 격한 슬픔입니다. 배우자나 자식을 잃은 슬픔을 표현할 때 '펜데오'라는 말을 썼습니다. 소중한 물건을 잃었을 때도 슬픈데, 사랑하는 사람과의 이별이나 사별은 비통합니다.

어떤 종류의 슬픔이든지 간에 슬픔은 슬퍼하는 이를 성숙하도록 자극합니다. 웃음은 그때뿐 덧없이 사라지지만, 슬픔은 차분히 집중하게 만듭니다. 슬퍼할 때마다 마음 깊은 곳 내면을 주시하게 됩니다. 삶의 우선순위를 재정돈합니다. 이런 이유로 성경은 기쁨보다 슬픔이 더 낫다고 말씀합니다.

> 초상집에 가는 것이 잔칫집에 가는 것보다 나으니 모든 사람의 끝이 이와 같이 됨이라 산 자는 이것을 그의 마음에 둘지어다 슬픔이 웃음보다 나음은 얼굴에 근심하는 것이 마음에 유익하기 때문이니라 지혜자의 마음은 초상집에 있으되 우매한 자의 마음은 혼인집에 있느니라(전 7:2-4).

까닭 없이 슬픔을 느끼는 경우는 드뭅니다. 예수께서 슬퍼하는 자의 복을 말씀하실 때 왜, 무엇 때문에 슬퍼하는가를 알 필요가 있습니다. 슬픔에는 '세속적 슬픔'과 '거룩한 슬픔'이 있습니다. '자연적 슬픔'과 '영적인 슬픔'으로 구분할 수도 있지요. '세속적 슬픔'은 세상살이를 하면서 느끼는 그렇고 그런 슬픔입니다. 슬픈 드라마를 보다가 눈물이 날 수 있고, 마음을 찡하게 하는 유행가 때문에 슬퍼질 수도 있습니다. 장사가 안돼서 울상이고, 증권 시세가 폭락해서 우울하고, 실연을 당해서 마음이 아픕니다. 자연적 슬픔은 자신의 죄나 신앙 때문에 슬퍼하는 것이 아니라, 이별이나 사별을 겪을 때 자연스레 터져 나오는 슬픔입니다.

팔복의 슬픔은 세상적이고 자연적인 슬픔은 아닐 것입니다. 거룩하고 영적인 슬픔입니다. 거룩하고 영적인 슬픔은 어떤 슬픔일까요? 하나님의 나라와 그 나라의 의에 도달하지 못해서 안타까워하는 슬픔이지요.

애통하는 자의 슬픔은 회개의 슬픔입니다. 세상 사람 누구나 같은 하늘 아래 밥 먹듯이 죄를 짓고 삽니다. 죄를 슬퍼하는 사람은 찾기 어렵습니다. 그리스도인들 역시 이런저런 핑계를 대고 죄를 정당화하기에 바쁩니다. 자신의 죄나 이웃의 죄를 불문하고 죄에 예민하게 반응해서 애통하는 사람은 그리스도인들 가운데서도 찾아보기 어렵습니다.

다윗과 베드로의 슬픔

성경에서 자신의 죄를 슬퍼한 두 사람은 다윗과 베드로입니다. 다윗은 우리보다 훨씬 더 많은 죄를 지었지만, 하나님의 사랑을 가장 많이 받았습니다. 죄를 놓고 슬퍼했기 때문입니다.

내가 탄식함으로 피곤하여 밤마다 눈물로 내 침상을 띄우며 내 요를 적시나이다(시 6:6).

죄를 슬퍼하며 흘린 눈물이 얼마나 많았던지 침대가 떠내려가며 요가 흥건히 적실 정도가 됐습니다. 사회적 체면 때문에 후회한 것이 아니고, 자신의 죄를 진심으로 뉘우치고 고치고자 통회한 것이지요.

베드로는 예수께서 잡히시던 날 밤 스승을 배신했습니다. 다른 사람은 다 예수님을 버리고 도망칠지라도 자기는 절대로 배신하지 않겠다고 호언장담한 제자가 베드로였습니다. 베드로 역시 부서지기 쉬운 질그릇에 지나지 않았습니다. 한목숨을 건지고자 닭이 울기 전에 어린 계집종 앞에서 세 번씩이나 예수님을 모른다고 큰 소리로 부인했습니다(마 26:69-75). 닭이 울기 전에 예수님을 세 번 부인할 것이라는 예수님의 예언(마 26:34)이 떠올라서 밖으로 뛰쳐나가 통곡했습니다(마 26:75). 스승을 배신한 죄책감 때문에 목놓아 울었던 것이지요. 전설에 따르면 베드로에게는 새벽녘에 닭 울음소리만 들어도 통곡하는 버릇이 생겼다고 합니다.

눈물을 닦아주시는 하나님

자신이 하나님의 의에 도달하지 못하는 연약한 죄인이라는 사실을 슬퍼하는 사람을 하나님이 위로하십니다. 슬픈 마음을 하나님께서 위로해주신다면, 이보다 더 큰 복은 없을 것입니다.

여호와의 은혜의 해와 우리 하나님의 보복의 날을 선포하여 모든 슬픈 자를 위로하되 무릇 시온에서 슬퍼하는 자에게 화관을 주어 그 재를 대신하며 기쁨의 기름으로 그 슬픔을 대신하며 찬송의 옷으로 그 근심을 대신하시고 그들이 의의 나무 곧 여호와께서 심으신 그 영광을 나타낼 자라 일컬음을 받게 하려 하심이라(사 61:2-3).

찬송하리로다 그는 우리 주 예수 그리스도의 하나님이시요 자비의 아버지시요 모든 위로의 하나님이시며 우리의 모든 환난 중에서 우리를 위로하사 우리로 하여금 하나님께 받는 위로로써 모든 환난 중에 있는 자들을 능히 위로하게 하시는 이시로다(고후 1:3-4).

"위로를 받을 것이다"(they will be comforted)라는 약속은 미래 시제입니다. 하나님의 나라가 최종적으로 완성될 때 완전한 위로가 임하게 될 것이라는 약속이지요. 그리스도인의 슬픔은 막연한 슬픔이 아니라, 미래에 얻게 될 완전한 위로를 바라보는 '희망의 슬픔'입니다.

모든 눈물을 그 눈에서 닦아 주시니 다시는 사망이 없고 애통하는 것이나 곡하는 것이나 아픈 것이 다시 있지 아니하리니 처음 것들이 다 지나갔음이러라(계 21:4).

완전한 위로는 종말의 날에 있겠지만, 하나님은 지금도 우리가 슬퍼할 때마다 눈물을 닦아 주시는 위로의 하나님이십니다. 예수님의 일대기를 기록한 사복음서에 "예수님이 웃으셨다"라는 기록은 하나도 보이지 않지만, "우셨다"라는 말씀은 세 번이나 나옵니다(막 14:33; 눅 19:41; 요 11:35; 히 5:7 참조). 팔복을 비롯한 산상수훈 전체가 예수님의 자화상이라고 한다면, 애통하는 자가 받게 될 복 역시 예수님 자신을 두고 하신 복일 것입니다.

그는 멸시를 받아 사람들에게 버림 받았으며 간고를 많이 겪었으며 질고를 아는 자라 마치 사람들이 그에게서 얼굴을 가리는 것 같이 멸시를 당하였고 우리도 그를 귀히 여기지 아니하였도다(사 53:3).

여호와의 속량함을 받은 자들이 돌아오되 노래하며 시온에 이르러 그들의 머리 위에 영영한 희락을 띠고 기쁨과 즐거움을 얻으리니 슬픔과 탄식이 사라지리로다(사 35:10).

2.4 제3복: "온유한 자의 복" 〈마 5:5〉

그러나 온유한 자들은 땅을 차지하며 풍성한 화평으로 즐거워하리로다
(시 37:11).

땅을 누가?

아이젠하워Dwight D. Eisenhower(1890~1969)는 미국의 제34대 대통령입
니다. 대통령이 되기 전, 2차 대전의 연합군 총사령관을 지냈지요.
전쟁이 한창 불꽃을 튀길 때 아이젠하워의 어머니 아이다Ida Stover
Eisenhower(1862~1946)가 열차 여행을 하게 됐습니다. 옆에 앉은 시골
아주머니는 상대방이 누구인지도 모른 채 수다를 떨었습니다. 전쟁
터에 나간 아들 자랑에 열을 올렸습니다. 아들이 최근에 하사로 진
급했다는 등등, 입에 침이 마를 정도로 자식 자랑에 여념이 없었습
니다.

한참 아들 자랑에 열을 내던 시골 아낙은 아이젠하워의 어머니
에게 물었습니다.

"이제 당신 아들이 어떤 사람인지 말해보세요."

"우리 집 아들도 댁의 아드님처럼 전쟁터에 나가 있답니다."

셋째 복은 '온유한 사람'(the meek)이 얻는 복입니다. 심령이 가난해서 하나님을 모시고 사는 사람은 자신과 이웃의 죄를 놓고 슬퍼합니다. 1복과 2복을 통과한 사람은 자연스레 3복에 이르게 됩니다.

> 온유한 자는 복이 있나니 그들이 땅을 기업으로 받을 것임이요(마 5:5).

'땅을 차지하는 복'은 어떤 복일까요? 이스라엘 백성에게 '땅'은 목숨만큼이나 소중했습니다. 워낙 땅덩어리가 작아서 그런지 땅을 차지하는 문제 때문에 이스라엘에는 오늘까지 전쟁이 그치지 않습니다. 구약에서 일어난 모든 전쟁은 '땅' 때문에 일어났다 해도 과언이 아닙니다.

아브라함과 이삭, 야곱과 요셉, 모세와 여호수아 등등 구약의 인물들 가운데 상당수가 땅을 정복하고 분배하는 일에 관여했습니다. 토지 소유권은 무엇보다도 '안전'(security)과 '안정'(stability)을 보장해주기에 이스라엘 역사에서 땅은 너무나 중요했습니다. 이스라엘 백성이 40년간 광야 생활을 하다가 가나안 땅에 들어갔을 때 그 기쁨이 얼마나 컸겠습니까? 비로소 안전과 안정을 보장해주는 공간을 확보했기 때문이지요.

이스라엘 역사에서 '땅'은 목숨을 걸고 싸워서 쟁취해야 할 대상입니다. 그러기에 사납고 강한 사람만이 땅을 얻을 수 있었습니다. 하지만 소중한 땅을 유산으로 물려받는 방법이 있습니다. 온유해지면 됩니다. 싸우지 않는 것은 물론이고, 인간 편에서 수고하지 않아도 하나님이 거저 주시는 선물로서의 땅입니다.

예수님이 약속하신 땅은 지상의 영토가 아니라, 장차 도래할 천국의 영토를 의미할 것입니다. 예수께서 다시 오실 때 최종적으로 실현될 '새 하늘과 새 땅'(벧후 3:13)을 의미할 것입니다. 그러기에 온유한 사람은 이 천국 영토를 밟는 복을 얻게 된다는 것이지요.

예수님이 말씀하시는 '온유한 자'는 어떤 사람일까요? 한문으로 '온유溫柔'는 따뜻할 '온溫'과 부드러울 '유柔'로 돼 있습니다. '따뜻하고 부드러운 성품'이지요. '온유한 사람' 하면, 착하기만 해서 흐물흐물한 사람을 연상하기 쉽습니다. '부처님 가운데 토막' 같은 사람이니, '무골호인無骨好人', '뼈가 없이 물렁물렁해서 한없이 착한 사람'을 떠올리기 쉽습니다. 그러다 보니 '온유'는 어떤 단호한 결단이나 대담한 기백 없이 물러 터져서 사람만 좋은 사람과 연결할 때가 있습니다. 예수께서 말씀하시는 온유는 이런 통상적 이미지와는 거리가 멉니다.

예수님의 멍에를 함께 멜 때

'온유한'의 헬라어는 'πραΰς'(프라우스)인데, '부드러운'(gentle), '겸손한'(humble), '사려 깊은'(considerate), '예의 바른'(courteous) 등

의 뜻이 있습니다. '온유'는 기본적으로 부드럽고, 겸손하고, 사려 깊고, 예의 바른 성품입니다. 온유한 운전자는 상대방을 배려해서 양보합니다. 온유한 남편은 아내를 위해 문을 열어주고 설거지도 하고 청소도 합니다. 온유한 사장은 손수 직원들에게 커피를 타줍니다. 그러나 "온유한 사람이 복이 있다"라고 할 때의 그 '온유'에는 이런 기본적 의미 이상의 깊은 뜻이 있습니다.

> 수고하고 무거운 짐 진 자들아 다 내게로 오라 내가 너희를 쉬게 하리라 나는 마음이 온유하고 겸손하니 나의 멍에를 메고 내게 배우라 그리하면 너희 마음이 쉼을 얻으리니 이는 내 멍에는 쉽고 내 짐은 가벼움이라 하시니라(마 11:28-30).

우리를 초청하시는 예수님이야말로 '온유한'의 헬라어 πραΰς가 함축한 성품을 간직하신 분입니다. 부드럽고 겸손하십니다. "예수님의 멍에를 메고 예수님께 배우라"고 권면하신 말씀에 집중한다면, '온유'에는 두 가지 중요한 속성이 더 있습니다.

첫째로 헬라어 'πραΰς'에는 '주인의 통제하에 들어가는 상태'(to be under the control of a master)의 의미가 있습니다. 천방지축天方地軸으로 날뛰던 야생마가 주인의 통제하에 들어가 고분고분해질 때 '프라우스'라는 말을 씁니다. "야생마가 주인의 통제 아래 들어간다"는 것은 야생마가 본디부터 지닌 날쌘 기상을 포기한다는 말이 아닙니다. 야생마 특유의 날쌤이나 우렁찬 기상은 여전히 갖되, 자신의 의지를 주인의 뜻에 복속시켜 순종한다는 뜻입니다. 따라서 누군가 온유해진다는 것은 그가 가진 재주나 능력, 개성이나 기상을 완전히 상실한다는 뜻이 아니라, 그의 의지를 하나님의 뜻에 복속시키는 것을 말합니다.

줄을 매어놓아도 미친 듯이 사납게 날뛰던 야생마가 줄을 풀어놓아도 미동도 하지 않고 주인의 뜻에 고분고분한 것이 온유의 특징입니다. 야생마가 온유해졌다고 해서 멍청해진 것이 아닙니다. 야생마 특유의 기상을 보유한 채 주인의 통제하에 들어갔을 뿐입니다. 우리 역시 정욕에 눈이 멀어 고삐 풀린 망아지처럼 날뛰다가 온유해지면, 고유한 개성이나 재능, 은사를 잃지 않고서도 하나님의 뜻에 순종하게 됩니다.

온유해지기 위해서는 예수님의 '멍에'(yoke)를 메고 예수님의 통제하에 들어가야만 합니다. '멍에'는 쟁기나 수레를 끌 때 소 목에 걸어서 소를 길들이는 나무 막대입니다. 예수님 시대의 팔레스타인에서 사용한 멍에는 소 두 마리의 목에 한 개의 멍에를 메서 움직이게 했습니다. 이인삼각 경기와 같은 개념이었지요.

이런 맥락에서 예수님의 멍에를 메라고 말씀하십니다. 예수님의 멍에를 내 목에 걸고 예수님의 뜻에 따라 움직이라는 것입니다. '보아너게_{Boanerges}', 즉 '우레의 아들들'(Sons of Thunder)이라는 별명을 얻은 야고보와 요한이 온유한 사도로 바뀔 수 있었던 것은 주님의 멍에를 함께 메고 주님의 통제하에 들어갔기 때문입니다.

둘째로 온유한 사람은 배우려고 하는 사람입니다. 누군가에게 한 수 배우려고 하는 자세는 겸손 없이 되지 않기에 온유함의 가장 큰 특징은 '겸손'(humility)입니다. "나는 모든 것을 다 알고 있다"라는 교만한 태도만큼 잘못된 것은 없습니다. 온유한 그리스도인은 참 스승이신 예수님께 끊임없이 배우려고 합니다. 선생은 가르치고, 제자는 배웁니다. 그러므로 예수님께 배우려고 하지 않는 사람은 제자가 될 수 없습니다. 나아만이 나병을 고치고자 히브리 계집종의 말도 귀담아들었고, 엘리사에게 실망해서 아람으로 돌아가려고 하다가도 종들의 충고에 귀를 기울인 것처럼, 빈부귀천 남녀노소를 불문하고 상대방을 존중하고 기꺼이 듣고 배우려는 자세가 온유입니다.

자신을 바로 아는 것이 온유다

사납게 날뛰다가 고집을 꺾고 하나님의 뜻에 순종해서 온유해진 사람이 있습니다. 모세지요. 모세가 어른이 됐을 때 히브리인 동포 한 사람이 이집트 사람에게 학대당하는 것을 목격하고 격분했습니다. 욱하는 감정을 추스르지 못해 이집트인을 주먹으로 쳐 죽이고 미디안 광야로 내뺐습니다.

나이 사십이 될 때까지 모세는 질풍노도와 같은 사람이었습니다. 언제 어떻게 깊이 잠복한 분노가 폭발할지 모르는 시한폭탄이었습니다. 그러던 모세가 자신의 사나운 의지를 꺾고 주님의 통제하에 들어가 유순해지기 시작한 것은 미디안 광야에서 40년 동안 고생할 때였습니다. 40년의 연단을 통해서 모세는 하나님이 쓰실 만한 그릇으로 다듬어졌습니다. 거친 야생마가 주인의 통제하에 들어가듯이 모세는 하나님의 멍에를 목에 메고 하나님이 이끄시는 대로 겸손히 순종했습니다.

이 사람 모세는 온유함이 지면의 모든 사람보다 더하더라(민 12:3).

모세의 온유함이 지구상의 모든 사람보다 뛰어났다는 극찬입니다. 모세의 전 삶과 전 의지를 하나님의 뜻에 기꺼이 맡기고 순종했다는 말이지요. 온유는 자신을 정확히 평가해서 자신의 실상을 바로 안 뒤에 하나님과 사람들 앞에서 겸손해지는 것입니다.

팔복은 세상을 새롭게 보는 렌즈를 제공합니다. 온유의 렌즈로 세상을 새롭게 보려면 어떻게 해야 할까요? 먼저 우리 자신에 대한 정확한 평가가 선행돼야 합니다. 마틴 로이드 존스Martin Llyod-Jones는 '온유함'(meekness)을 이렇게 정의합니다.

우리 자신에 대한 진실한 평가에 기초해서 이웃을 겸손하고 부드럽게 대하는 태도(a humble and gentle attitude to others based on a true estimate of ourselves).

온유해지려면 자신의 실상부터 냉정하게 파악해야 한다는 것이지요. 우리는 자신을 구원할 그 어떤 자질이나 능력도 없습니다. 알

거지가 손을 내밀 듯이 하나님께 의지해서 하나님의 은혜로 하루하루 살아갈 뿐입니다. 이런 겸손한 자세로 세상을 살아간다면, 이웃이 어떤 태도를 보이든지 간에 그것 때문에 쉽게 동요하지 않을 것입니다.

어떤 항구에 예인선(曳引船) 한 척이 있었습니다. 예인선은 다른 배를 이끌어서 항구에 안전하게 도착할 수 있게 도와주는 배입니다. 그런데 이 예인선의 선장이 악명 높아서 난폭하게 배를 운전했습니다. 배를 이끌 때마다 다른 배를 들이받아서 그 배에 탄 선원들이 넘어지거나 물건이 깨지는 일이 자주 일어났습니다. 동료 선원들은 '미친 배'라는 별명을 붙여서, 할 수 있으면 이 배를 피하려고 했습니다.

어느 날 배 한 척이 예인선의 도움이 필요했는데, 이 미친 배 말고는 선택의 여지가 없었습니다. 그런데 이 예인선이 부드럽게 다가왔습니다. 거칠게 배를 접선한 옛날과는 달리 공손하게 운전했습니다. 배 안의 접시나 유리컵 등등의 기물이 하나도 깨지지 않고 안전하게 항구에 도착했습니다.

친절한 예인선의 안내를 받은 배의 선장이 놀라서 물었습니다.

"아니, 이 미친 배에 무슨 일이 일어났답니까? 옛날과는 완전히 달라졌어요!"

"선장님이 바뀌었답니다."

우리 인생 배에 어떤 선장이 타고 있는가에 따라서 우리의 삶도 달라집니다. 온유해져서 천국의 영토를 유업으로 얻고자 한다면, 예수님을 우리 인생 배의 선장으로 모셔야 할 것입니다.

2.5 제4복: "의에 주리고 목마른 자의 복" 〈마 5:6〉

하나님이여 사슴이 시냇물을 찾기에 갈급함같이
내 영혼이 주를 찾기에 갈급하나이다(시 42:1).

여호와의 규례를 지키는 세상의 모든 겸손한 자들아
너희는 여호와를 찾으며 공의와 겸손을 구하라
너희가 혹시 여호와의 분노의 날에 숨김을 얻으리라(습 2:3).

원초적 본능

군에서 고생한 분들은 지독한 배고픔이나 목마름을 경험했을
것입니다. 요즘은 군대가 좋아져서 먹는 것 때문에 큰 고생은 하지
않습니다. 우리 아버지 세대나 형님 세대는 허기와 갈증으로 숱한
고생을 하셨습니다. 먹는 것이 턱없이 부족했기에 머릿속에는 늘
통닭이나 짜장면 생각이 떠나지 않은 추억이 있습니다.

저도 광주 상무대에서 16주 동안 기초군사 훈련을 받을 때 적지
않은 고생을 했습니다. 일주일간 유격 훈련을 받을 때는 극심한 허
기와 갈증에 시달려야만 했습니다. 완전 군장을 한 채 광주에서 화
순 동복 유격장까지 온종일 행군할 때는 땀이 비 오듯이 쏟아졌으

며 바싹바싹 목이 타들어 갔습니다. 마실 물 한 모금만 있으면 더 바랄 것이 없을 것만 같았습니다. 넷째 복은 허기와 갈증과 관련된 복입니다. 영적인 복을 육적인 본능으로 풀어낸 것이지요.

의에 주리고 목마른 자는 복이 있나니 그들이 배부를 것임이요(마 5:6).

오늘날 기근과 전쟁으로 바람 잘 날 없는 나라의 사람들은 허기와 갈증이 얼마나 절박한지를 잘 압니다. 무엇보다도 식수난으로 고생하는 나라 사람들은 물 한 방울의 위력을 피부로 느낍니다.

예수님은 의로운 성품을 가졌고 의롭게 살아가는 사람이 복이 있다고 말씀하시지 않습니다. 배고픈 사람이 음식을 탐하듯이, 목마른 사람이 음료수를 사모하듯이 의에 주리고 목마른 사람이 복이 있습니다. 그러기에 넷째 복은 이미 도달하고 완성한 사람이 누리는 복이 아니라, 배고픈 사람이 먹거리를 찾고 목마른 사람이 물을 찾듯이 계속해서 갈망하고 추구해야 얻는 복입니다. 의는 단박에 도달하고 완성될 수 있는 성질이 아닙니다. 인생 순례 여정 내내 추구해야 합니다. 며칠 굶은 사람이 온통 먹거리만 생각하듯이, 하나님의 의에 사무친 자세로 일생을 살아야 합니다.

'의에 주리고 목마른 것'은 어떤 상태일까요? 예수께서 말씀하시는 '의'는 헬라어로 'δικαιοσύνη'(디카이오쉬네)인데, 두 가지 의미가 있습니다. 먼저 하나님의 의로우신 성품과 의로우신 구원 행동을 본받아 우리도 의로운 성품과 의로운 행동을 해야만 한다는 윤리적 차원의 의가 있습니다. 이 경우, 하나님이 주신 말씀을 잘 지켜 행하는 의로운 행동이 초점이 됩니다. 착하고, 정직하고, 정의롭고, 이웃에게 선익을 끼치는 윤리적 삶을 말합니다.

> 내가 기뻐하는 금식은 흉악의 결박을 풀어 주며 멍에의 줄을 끌러 주며 압제 당하는 자를 자유하게 하며 모든 멍에를 꺾는 것이 아니겠느냐 또 주린 자에게 네 양식을 나누어 주며 유리하는 빈민을 집에 들이며 헐벗은 자를 보면 입히며 또 네 골육을 피하여 스스로 숨지 아니하는 것이 아니겠느냐(사 58:6-7).

이런 수평적 의와 달리, 수직적 의의 개념도 있습니다. 하나님과 우리의 관계 차원에서 선물로 얻는 하나님의 의이지요. 그리스도를 믿음으로써 값없이 주어진 하나님의 은혜로 우리에게 선물로 전가되는 '하나님의 의'입니다. '이신칭의以信稱義(justification by faith through the grace of God)입니다. 법정에서 최고의 재판장 하나님께서 우리가 지은 죄 때문에 사형선고를 받아야 할 중죄인임에도 죄를 사면하시고 무죄라고 선언하시는 것이 이신칭의입니다. 우리의 죄가 예수께로 전가돼 십자가에서 심판당했고, 그리스도의 의가 우리에게로 전가돼 우리에게 그 어떤 자격이나 공로가 없음에도 오직 하나님의 은혜로 말미암아 의롭다고 인정을 받는 것입니다.

> 복음에는 하나님의 의가 나타나서 믿음으로 믿음에 이르게 하나니 기

록된 바 오직 의인은 믿음으로 말미암아 살리라 함과 같으니라(롬 1:17).

곧 예수 그리스도를 믿음으로 말미암아 모든 믿는 자에게 미치는 하나 님의 의니 차별이 없느니라(롬 3:22).

수직적 관계 차원에서 선물로 주어지는 의는 인간이 노력해서 얻을 수 있는 '자기 의'(self-righteousness)가 아닙니다. 자격이나 공로가 없어도 예수 그리스도를 믿을 때 하나님의 은혜로 초월적 선물로 주어지는 '하나님의 의'(God's righteousness)입니다. 그리스도의 십자가와 부활을 통해서 죄인들을 구원하시며 의롭게 하시는 '하나님의 의'이지요.

하나님의 의를 선물로 얻은 우리에게는 사회에서 이웃을 향한 윤리적 의를 실천해야 할 책임이 있습니다. 할 수 있으면 이웃에게 선행과 자비를 베풀어서 의를 실천해야 합니다. 수직적이고 초월적인 의는 수평적이고 윤리적인 의와 결합해야 합니다.

칼 메닝거 Karl Menninger(1893~1990)는 세계적인 상담 심리학자로서 잘 알려진 미국인입니다. 메닝거가 강연하는 장소는 언제나 만원을 이뤘습니다. 한 학회 세미나에서 메닝거가 강연을 한 다음에 대학원 학생으로부터 질문을 받았습니다. 우울증에 시달리는 환자를 고치기 위한 처방이 있느냐는 물음이었습니다. 청중은 이 석학의 입에서 어떤 대답이 나올지 숨을 죽이며 받아 적을 준비를 했습니다.

"저는 그 우울증 환자에게 이렇게 말해 주고 싶군요. 집을 나와서 길 건너
편에 있는 이웃집 문을 두드린 뒤에 '제가 도울 일이 없습니까?' 하고 물어
보라고요."

마하트마 간디Mohandas Gandhi(1869~1948)가 어느 날 급하게 열차를
올라타다가 신발 한 짝이 벗겨져 플랫폼에 떨어졌습니다. 이미 기
차는 움직이고 있었기에 땅바닥에 떨어진 신발 한 짝을 주울 수가
없었습니다. 그러자 간디는 얼른 신고 있던 신발 한 짝을 열차 밑으
로 떨어뜨렸습니다. 옆에 있는 사람들이 놀라서 물었습니다.

"아니, 뭣 때문에 신발 한 짝을 기차 밑으로 떨어뜨리셨습니까?"

"가난한 사람이 기차 밑에 떨어진 내 신발 한 짝을 줍는다고 할 때, 그 한
짝만으로는 아무 소용이 없지 않습니까? 나 역시 이 신발 한 짝만 가지고
서는 아무 쓸모가 없으니 다른 사람이 나머지 한 짝도 갖도록 하기 위해
서랍니다."

의에 주리고 목마른 사람은 작은 선행을 이웃에게 행하는 사람
입니다. 그런 사람은 하나님이 배불리 먹이시고 시원케 하십니다.
세상의 허기와 갈증은 아무리 채워도 일시적입니다. 시간이 지나면
새로운 밥과 새로운 물을 찾습니다. 그러나 예수님이 주시는 떡과
생수는 영원합니다.

예수께서 이르시되 나는 생명의 떡이니 내게 오는 자는 결코 주리지 아니할 터이요 나를 믿는 자는 영원히 목마르지 아니하리라(요 6:35).

육신의 허기와 갈증을 해소하는 음식과 음료는 절제하지 않으면 독이 됩니다. 과식과 과음 때문에 생긴 과체중은 만병의 근원입니다. 그러나 의를 갈망하는 영적인 허기와 갈증에는 절제가 필요 없습니다. 아무리 과식을 하고 과음을 해도 뒤탈이 없습니다. 하나님께서 채워주시는 영적인 대만족이기 때문이지요.

2.6 제5복: "긍휼히 여기는 자의 복" 〈마 5: 7〉

여호와여 주의 긍휼을 내게서 거두지 마시고
주의 인자와 진리로 나를 항상 보호하소서(시 40:11).

긍휼히 여기는 자의 복

산상수훈의 백미인 팔복은 두 부분으로 나뉩니다. 처음 네 복
은 천국 시민이 하나님의 자녀로 살기 위해 갖춰야 할 조건을 제시
합니다. 영적으로 가난해야 하고, 자신의 죄악과 연약함을 슬퍼해
야 하고, 온유해야 하고, 의를 갈망해야 합니다. 다음 네 복은 천국
시민이 하나님의 자녀로 살아갈 때 자연스레 얻는 성품입니다. 이
웃을 긍휼히 여기고, 마음이 청결하고, 평화를 건설해나가며, 의를
위해 기꺼이 박해를 받고자 하는 성품을 갖춘 사람이 복이 있습니
다. 예수님이 선언하시는 다섯째 복은 '긍휼히 여기는 자'가 얻는 복
입니다.

긍휼히 여기는 자는 복이 있나니 그들이 긍휼히 여김을 받을 것임이요
(마 5:7).

'긍휼矜恤'은 일반인이 잘 쓰지 않습니다. 성경에서나 쓰는 독특한 용어입니다. 새번역은 '긍휼'을 '자비'로 번역합니다.

자비한 사람은 복이 있다. 하나님이 그들을 자비롭게 대하실 것이다.

긍휼은 '자비', '불쌍히 여김', '가엾게 여김' 등의 의미입니다. 영어 성경은 거의 모든 번역판이 '긍휼히 여기는 자'를 'the merciful'로 번역했습니다. '자비로운 사람'이지요. '긍휼'은 이웃을 불쌍히 여기는 마음과 태도입니다. 불쌍히 여기는 마음과 태도의 제일가는 특징은 무엇일까요? 용서입니다. 너그럽게 용서하는 마음과 태도, 이것이 긍휼이요 자비입니다.

예수님은 마태복음 18:21-35에서 '용서하지 않는 종의 비유'를 통해서 용서의 중요성을 강조하십니다. 일만 달란트 빚진 사람이 엄청난 빚을 탕감받았습니다. 일만 달란트는 그 당시 일용직 노동자가 무려 15만 년을 일해야지만 벌 수 있는 천문학적 액수입니다. 이 엄청난 금액을 탕감받은 사람은 자기에게 겨우 백 데나리온 빚진 사람을 용서하지 못하고 감옥에 처넣습니다.

우리는 하나님께 일만 달란트 빚진 종과 같습니다. 그리스도의 은혜 때문에 그 엄청난 죄의 빚을 다 탕감받았습니다. 깨끗이 용서받은 것이지요. 그런데도 우리는 이웃이 우리에게 끼친 사소한 죄를 용서하지 못할 때가 있습니다. 예수님은 이런 모순을 지적하십니다.

내가 이웃에게 받은 고통의 크기만큼 동일한 고통을 이웃에게 끼치는 것은 정의처럼 보입니다. "내가 너 때문에 이렇게 고통을 당했으니, 너도 한번 똑같은 고통을 당해봐라." 세상 사람들은 당연히 이렇게 해야 한다고 생각합니다. 심지어 구약의 율법 역시 이런 동해보복의 원리를 가르칩니다.

> 생명은 생명으로, 눈은 눈으로, 이는 이로, 손은 손으로, 발은 발로, 덴 것은 덴 것으로, 상하게 한 것은 상함으로, 때린 것은 때림으로 갚을지니라(출 21:23-25).

이것은 율법적 정의일 뿐, 복음적 자비는 아닙니다. 예수님은 율법적 정의를 뛰어넘어 사랑과 자비의 정신을 강조하십니다.

> 또 네 이웃을 사랑하고 네 원수를 미워하라 하였다는 것을 너희가 들었으나 나는 너희에게 이르노니 너희 원수를 사랑하며 너희를 박해하는 자를 위하여 기도하라(마 5:43-44).

율법과 정의는 사회 안정과 질서를 유지하기 위해서 꼭 필요합니다. 그러나 그것만으로는 사회가 건강하고 평화롭게 될 수 없습니다. 그 이상의 가치관이 필요합니다. 복음과 사랑의 정신이지요. 율법과 정의대로 한다면 예수님은 우리를 위해 십자가에 달리실 이유가 전혀 없습니다. 우리는 지은 죄에 합당한 죽음과 지옥의 형벌을 받으면 그것으로 끝납니다. 로마서 5:8 말씀처럼 예수님은 "우리가 아직 죄인 되었을 때에 우리를 위하여 죽으심으로 하나님께서 우리에게 대한 자기의 사랑을 확증해주셨습니다."

공산주의와 민주주의 진영이 첨예하게 대립한 시대에 동독과 서독에서 일어난 일입니다. 베를린 장벽을 사이에 둔 동독의 어느 마을 사람들이 벽 넘어 서독의 한 마을에 쓰레기 더미를 버렸습니다. 그때 서독 사람들은 식량과 옷가지를 싸서 동독 사람들에게 던져줬습니다. 구호품 속에는 다음과 같은 글씨가 적힌 종이가 있었습니다.

사람은 자기가 가진 것을 남에게 준다.

동독인들은 가진 것이 쓰레기밖에 없으니 쓰레기를 주지만, 서독인들은 식량과 옷가지가 넘쳐서 이것을 준다는 것이지요.

우리가 가진 것만을 남에게 줄 수 있습니다. 자비로운 마음, 용서하는 마음을 이웃에게 나눠 줄 때 이웃이 변화될 수 있습니다. 우리가 긍휼히 여기는 마음을 가질 때 하나님과 이웃 역시 우리를 긍휼히 여기게 될 것입니다.

긍휼을 행하지 아니하는 자에게는 긍휼 없는 심판이 있으리라 긍휼은 심판을 이기고 자랑하느니라(약 2:13).

2.7 제6복: "마음이 청결한 자의 복" 〈마 5:8〉

너희가 진리를 순종함으로 너희 영혼을 깨끗하게 하여
거짓이 없이 형제를 사랑하기에 이르렀으니 마음으로 뜨겁게 서로 사
랑하라(벧전 1:22).

마음이 청결한 자

여호와의 산에 오를 자가 누구며 그의 거룩한 곳에 설 자가 누구인가 곧
손이 깨끗하며 마음이 청결하며 뜻을 허탄한 데에 두지 아니하며 거짓
맹세하지 아니하는 자로다(시 24:3-4).

손(바깥)과 마음(안)이 청결해야지만 하나님의 성산에 오릅니다.
여섯째 복은 마음이 청결한 자가 누리는 복입니다.

마음이 청결한 자는 복이 있나니 그들이 하나님을 볼 것임이요(마 5:8).

"마음이 청결하다"라는 것은 무엇을 의미할까요? 히브리 사람
들이 '마음'(heart)이라는 말을 쓸 때는 인격 전체를 말합니다. '마음'
은 지知, 정情, 의意 모두를 아우르는 용어였습니다. 마음은 우리의 생

각과 감정과 의지 등등의 인격성 전체를 포함합니다.

'청결하다'는 뜻은 무엇일까요? '청결한'의 헬라어 'καθαρός'(카다로스, pure, clean)는 다양한 의미를 함축합니다. 첫째로 '깨끗하다'는 뜻이 있습니다. 더러운 옷이 세탁해서 깨끗하게 되는 것과 같은 상태를 의미합니다. 마태복음 27:59에 예수님의 시신을 쌌던 '정한 세마포'라는 표현이 나오는데, 이때의 '정淨한'이 'καθαρός'지요.

둘째로 '밀을 까불려 모든 겨를 날려버리고 순 알곡만 남은 상태'를 뜻하는 말로 사용됐습니다. 키질해서 왕겨를 깨끗이 가려낼 때 이 용어를 썼던 것이지요.

셋째로 군인들 가운데 정예로운 군인들을 추려낼 때도 'καθαρός'라는 말을 사용했습니다. 군대 생활에 적응하지 못해서 불평을 일삼거나 겁이 많아서 전투에 별 도움이 안 되는 군인들이 있을 때, 그들을 깨끗이 솎아내 용맹한 부대를 만들 때 이 용어를 썼습니다.

넷째로 'καθαρός'가 가장 자주 사용된 경우는 또 다른 형용사인 'ἀκέραιος'(아케라이오스, pure, innocent)와 나란히 사용될 때인데, 우유나 포도주가 물이나 다른 불순물과 전혀 섞이지 않은 채 순 우유 진액, 순 포도주 진액을 의미할 때였습니다. 그 어떤 합금도 섞이지 않은 채 100% 순금을 뜻할 때, 다른 불순물이 전혀 섞이지 않고 100% 투명한 순 유리일 때 이 용어를 사용했습니다.

'청결한'의 헬라어 'καθαρός'에는 이처럼 다양한 의미가 있지만, 그 기본 의미는 단순합니다. 더러운 불순물이 전혀 끼이지 않은 깨끗하고 순수한 상태, 즉 순백純白의 상태를 말합니다. 예수께서 마음이 청결하다고 말씀하실 때도 그 기본 의미는 같습니다. 마음에 불순물이 섞이지 않은 순수한 상태이지요. 공기가 깨끗한 것은 미세먼지가 없다는 뜻이고, 물이 깨끗한 것은 불순물이 없다는 뜻입니다. 마음이 깨끗한 것도 마음에 죄가 없다는 뜻입니다.

> 입에서 나오는 것들은 마음에서 나오나니 이것이야말로 사람을 더럽게 하느니라 마음에서 나오는 것은 악한 생각과 살인과 간음과 음란과 도둑질과 거짓 증언과 비방이니(마 15:18-19).

죄가 없이 깨끗한 것이 마음이 청결한 상태입니다. 하나님을 사랑함에 오로지 하나님만 사랑할 뿐, 다른 어떤 불순한 사랑도 개입되지 않은 농도 100%의 '순 하나님 사랑'입니다. 하나님을 섬김에 그 어떤 자기 자랑이나 자기과시 등의 불순한 동기 없이 오로지 하나님을 순진하게 섬기는 마음입니다.

덴마크의 실존 철학자 키르케고르S. Kierkegaard(1813~55)가 "마음이 청결하다고 하는 것은 오직 한 가지만 바라는 것"이라고 말한 것은 옳습니다. 잡다한 목적과 과도한 욕심에 이끌려 마음이 분산되지 않고, 하나님 한 분만이 우리 삶의 목적이 되게 하는 것, 마음이 청결할 때 가능합니다.

예수께서 말씀하신 여섯째 복은 우리의 성품과 행동에 정밀한 자기반성을 촉구합니다. "나는 이 일을 행할 때 순수한 섬김과 봉사의 정신으로 하는가? 자기과시나 어떤 대가를 바라고 하는가?" "교회에서 여러 가지 봉사 활동을 할 때 하나님의 영광을 위하여, 하나님께서 기뻐하시기 때문에 하는 것인가? 사람들의 칭찬을 받고 나 자신을 드러내기 위해서 하는가?" "주일에 예배당에 가는 것이 살아계신 하나님을 만나기 위해서인가? 사람들을 만나기 위해서인가?" 등등의 질문을 깊이 반성해야 합니다.

『천로역정天路歷程』(*Pilgrim's Progress*)을 쓴 존 번연John Bunyan(1628~88)이 설교를 마치고 내려오자 한 사람이 악수를 청하면서 "오늘 설교가 너무 좋았습니다!" 칭찬했습니다. 번연은 슬픈 표정을 지으면서 대답했습니다.

"제가 설교단의 계단을 내려오는 순간 먼저 악마가 그 말을 속삭였답니다."

설교자는 자기가 한 설교에 누군가 은혜를 받았다고 칭찬하면 기분이 좋아집니다. 설교는 하나님의 말씀을 대언하는 것이기에 하나님의 마음에 합한 메시지를 전했는가가 중요함에도 사람을 의식할 때가 있습니다. 설교자가 칭찬만 받으려고 한다면, 그것은 하나님께서 주시는 마음이 아닙니다.

마음이 청결한 사람이 "하나님을 보는 복을 누린다"라는 것은 어떤 뜻일까요? 출애굽기 33:20을 보면 하나님께서 모세에게 말씀하셨습니다.

또 이르시되 네가 내 얼굴을 보지 못하리니 나를 보고 살 자가 없음이니라(출 33:20).

이와 정반대로 출 33:11은 이렇게 말씀합니다.

사람이 자기의 친구와 이야기함 같이 여호와께서는 모세와 대면하여 말씀하시며.

히브리서 11:27도 모세의 믿음을 이렇게 설명합니다.

[모세가] 믿음으로 애굽을 떠나 왕의 노함을 무서워하지 아니하고 곧 보이지 아니하는 자를 보는 것 같이 하여 참았으며.

어떤 구절에는 하나님을 보면 죽는다고 돼 있고, 또 어떤 구절에는 하나님을 대면했다고 돼 있습니다. 이런 모순을 어떻게 설명할까요? 이 질문에 대답하려면 세 가지 눈이 있음을 기억해야 합니다.

첫째로 '육신의 눈'입니다. 사물을 직접 보는 '육안肉眼', '보이는 그대로의 눈'이지요. 우리는 육신의 눈을 가졌기에 하나님이 창조하신 우주 만물을 있는 그대로 볼 수가 있습니다.

둘째로 '마음의 눈', '심안心眼'입니다. 지적인 눈이요, 교양의 눈이지요. 아름다운 꽃들이 있다고 할 때, 육안은 "참 아름다운 꽃이 있구나!" 하는 것만 봅니다. 심안을 지닌 식물학자가 보는 눈은 보통 사람들의 눈과는 다릅니다. 꽃의 이름이 무엇이며 어느 종種, 어느 과科에 속했는지, 어디에서부터 피기 시작해서 어느 지역에 서식하는지를 자세히 압니다.

예술 작품이나 유물을 볼 때도 마찬가지입니다. 피카소의 그림을 감상할 때 육안만 가진 사람은 보기는 보아도 그림의 참뜻을 알 수 없습니다. 수천 년 전의 유물을 대할 때에도 육안을 가진 사람은 있는 것만 볼 뿐, 고고학적 연대나 출처, 용도, 가치와 의미 등등에 대해서는 잘 모릅니다. "아는 만큼 보인다"라는 말은 옳습니다. 육안만으로 충분치 않습니다. 마음의 눈, 정신의 눈, 지성의 눈이 필요합니다.

세상 사람들은 '육안'과 '심안'이 전부라고 생각하지만, 그리스도인들은 제삼의 눈, '영안靈眼', '영혼의 눈'이 있다고 믿습니다. '신앙의 눈'이지요. 하나님을 보는 눈입니다. 길을 갈 때 들판에 핀 아름다운 꽃을 그저 아름답다고 감탄하며 구경하는 육안이 있습니다. 식물학자의 눈은 예리하고 분석적입니다. '영혼의 눈', 즉 '믿음의 눈'을 뜬 사람은 이 꽃을 누가 지으셨는가를 봅니다. 꽃만 보는 것이 아니라, 총천연색 꽃을 기이하게 지으신 창조주 하나님을 봅니다.

예수께서 "마음이 청결한 사람이 하나님을 본다"라고 말씀하실 때, '영적인 눈으로 하나님을 보는 것'을 말씀하십니다. 따라서 모세가 얼굴과 얼굴을 맞대고 하나님을 대면했다는 말씀은 육신의 눈으로 하나님을 봤다는 뜻이 아닙니다. 믿음의 눈, 영적인 눈으로 하나님을 만났다는 것입니다.

마음이 청결한 사람은 믿음의 눈으로 세상을 밝고 아름답게 봅니다. 희망의 눈으로 봅니다. 영원의 빛에서 오늘을 봅니다. 우주 만물의 배후에 창조주 하나님께서 섭리하시는 손길을 봅니다.

어떻게 하면 마음이 청결한 사람이 될 수 있을까요? 마음의 정원에 잡초가 자라지 않게 해야 합니다. 마음은 주기적으로 손보지 않으면 벌레가 끼고 잡초가 자라는 정원과 같습니다. 마음에는 죄악이 손톱이나 머리카락처럼 자라날 수 있습니다. 주기적으로 손톱을 깎고 머리카락을 자르듯이 욕심과 죄악을 손질해야 합니다. 두 마음을 품지 말고 마음을 단순하게 해야 합니다. 삶의 목적이 분산되지 않도록 초점을 모아야 합니다.

여름철에 차를 타고 들판에 나가보면 잡초만 가득한 곳을 볼 수 있습니다. 그러다가 겨울에 눈이 내린 다음에 똑같은 곳을 가보면 잡초는 볼 수 없고, 순백의 깨끗한 눈만 덮여 있습니다. 눈을 치워 놓고 보면 밑에는 잡초가 있습니다. 봄이 돼서 잡초가 우거진 밭을 깨끗이 쟁기질하고 씨앗을 뿌리면, 잡초는 흔적도 없이 사라지고 무나 배추와 같이 푸르고 싱싱한 채소밭으로 바뀝니다.

마음밭에 자라나는 잡초도 마찬가지입니다. 어떤 마음밭은 더럽고 무질서해서 온통 잡초로 가득합니다. 누군가의 마음밭은 일시적으로 눈이 내려서 겉보기에는 깨끗해 보이지만, 밑에는 잡초가 깔려 있습니다. 종교적으로 포장해서 겉으로는 청결해 보이지만, 속은 불결합니다. 그러나 또 어떤 마음밭은 성령으로 깨끗이 기경起
耕하고 말씀의 씨앗을 투척해서 잡초는 사라지고 싱싱한 열매로 알

뜰합니다. 마음의 이물질異物質을 제거해야 합니다. 순백의 청결한 마음이 될 때 하나님을 보는 복을 얻습니다.

아씨시의 프란체스코Francis of Assisi(1182~1226)에게는 수많은 전설이 내려옵니다. 그는 해와 달과 별, 구름, 바람, 꽃을 형제자매로 불렀습니다. 날짐승과 들짐승까지도 함부로 대하지 않고 친밀한 대화를 나눴습니다. 그가 살던 초가집 옆에는 무화과나무 한 그루가 서 있었는데, 나무 위에서 매미 한 마리가 울었습니다. 프란체스코는 날마다 손가락 위에다가 이 매미를 얹어 놓고 함께 놀았는데, 다른 나뭇가지 위에다 옮겨놓을 때까지 1시간씩 노래를 불렀다고 합니다. 한 번은 어떤 어부가 큰 잉어 한 마리를 선물로 줬을 때 프란체스코는 그 잉어를 곧바로 물속에 넣어서 살려줬습니다. 잉어는 고마움을 알았던지 프란체스코가 탄 배 옆에서 오랫동안 떠나지 않았다고 합니다. 이런 이야기들은 수없이 많은데, 모두 프란체스코의 영혼이 얼마나 맑은가를 말해 주는 일화들입니다.

프란체스코가 세상을 떠났을 때 예수께서 십자가에서 입으신 성흔聖痕(stigmata)이 온몸에 돋아났습니다. 오상五傷(five wounds)의 흔적이 생겨난 것이지요. 두 발과 두 손에 못 자국이 선명했으며, 옆구리에는 창 자국이 났습니다. 의학이나 과학이 풀 수 없는 기적입니다. 프란체스코 이후 오늘에 이르기까지 약 300차례 가까이 성흔을 지닌 사람들이 나타났지만, 그때까지만 해도 인류 역사에 최초로 일어난 기적이었습니다. 그의 마음이 청결했기에 일어난 신비지요.

우슬초로 나를 정결하게 하소서 내가 정하리이다 나의 죄를 씻어 주소서 내가 눈보다 희리이다(시 51:7).

2.8 제7복: "화평케 하는 자의 복" ⟨마 5:9⟩

그들은 평강의 길을 알지 못하며 그들이 행하는 곳에는 정의가 없으며 굽은 길을 스스로 만드나니 무릇 이 길을 밟는 자는 평강을 알지 못하느니라(사 59:8).

화평케 하는 사람

일곱째 복은 '평화를 이루는 사람들'(peacemakers)이 얻는 복입니다. '평화로운 사람들'(the peaceful)이 아닙니다. '평화를 갈구하는 사람들'(those who yearn for peace)도 아닙니다. 적극적으로 평화를 만드는 이들이 복이 있습니다.

화평하게 하는 자는 복이 있나니 그들이 하나님의 아들이라 일컬음을 받을 것임이요(5:9).

'평화'(εἰρήνη, 에이레네, peace)는 히브리어로 '샬롬Shalom'입니다. 히브리인들의 인사말로 유명합니다. 샬롬은 단순한 '긴장 완화'(appeasement)가 아닙니다. 분쟁이나 전쟁이 그친 상태가 아닙니다. 진정한 평화는 소극적이고 수동적인 상태가 아닙니다. 정의와 질서와 조화의 토대 위에서 견고한 일치와 안정이 있을 때 참 평화가 이뤄집니다.

이런 적극적이고 능동적인 의미의 평화는 저절로 생기지 않습니다. 하나님과 우리 사이에, 우리와 이웃 사이에 화목이 있을 때 이런 평화가 조성됩니다. 또한 우리 마음속에 끝없이 일어나는 내적 갈등이 끝나고 하나님이 우리를 다스려주실 때 평화가 실현됩니다.

평화가 깨졌다는 것은 관계가 깨졌다는 말입니다. 평화가 이뤄지려면 깨진 관계가 원상 복구돼야 합니다. 진정한 평화를 건설하려면 먼저 하나님과 깨진 관계가 회복돼야만 합니다. 에덴동산에서 아담과 하와가 타락함으로써 온 인류는 하나님과 원수가 됐습니다. 관계가 산산조각이 났습니다. 사람의 힘으로 이 불화의 장벽을 허물 수가 없었기에 하나님께서 독생자 예수님을 보내주셨습니다. 예수님의 십자가와 부활로 말미암아 우리는 하나님과 화목해서 평화를 이루게 됐습니다.

예수님은 이 땅에 '평화의 왕'(the Prince of Peace)으로 오셨습니다(사 9:6). 하나님께서 '평강의 하나님'이신 까닭에 예수님 역시 평강의 왕으로 오신 것이지요(롬 16:20; 빌 4:9; 고후 13:11; 히 13:20-21). 하나님과 우리 사이의 관계가 끊어졌을 때 하나님은 평화의 왕 예수님을 보내서서 관계를 이어주셨습니다. 그러므로 예수 그리스도를 구주로 믿는 이마다 하나님과 화목해서 평화롭게 될 것입니다.

그는 우리의 화평이신지라 둘로 하나를 만드사 원수 된 것 곧 중간에 막힌 담을 자기 육체로 허시고(엡 2:14).

그의 십자가의 피로 화평을 이루사 만물 곧 땅에 있는 것들이나 하늘에 있는 것들이 그로 말미암아 자기와 화목하게 되기를 기뻐하심이라(골 1:20).

그러므로 우리가 믿음으로 의롭다 하심을 받았으니 우리 주 예수 그리스도로 말미암아 하나님과 화평을 누리자(롬 5:1).

우리는 이웃과 평화를 이뤄야 합니다. 하나님과 화해를 이룬 사람은 이웃과도 화목할 수 있습니다. 증오와 분쟁과 전쟁이 그치지 않는 세상 한가운데서 그리스도인은 할 수 있으면 이웃과 화목해야 합니다. 용서와 사랑과 화목을 구해야 합니다.

평화가 보장되기 위해서 값비싼 대가와 희생을 치러야만 합니다. 정의로운 피를 흘려야만 합니다. 국가 간에도 '힘의 균형'(balance of power)이 깨져서 한 나라가 군사적으로 강해질 때 이웃 나라를 얕보고 침략합니다. 전쟁을 막고 안정과 평화를 유지하려면 강력한 군사력과 경제력을 갖춰야만 합니다.

예수님이 우리에게 원하시는 평화는 이런 '힘'을 바탕으로 한 평화가 아닙니다. 강함이 아닌 약함으로, 힘이 아닌 섬김과 용서와 사랑으로 이웃과 평화롭게 지내는 것입니다. 그리스도인은 "원수를 사랑하고 박해하는 자를 위해 기도해야" 합니다(마 5:44).

> 네 원수가 주리거든 먹이고 목마르거든 마시게 하라 그리함으로 네가
> 숯불을 그 머리에 쌓아 놓으리라 악에게 지지 말고 선으로 악을 이기라
> (롬 12:20-21).

> 사랑 안에서 가장 귀히 여기며 너희끼리 화목하라(살전 5:13).

> 모든 사람과 더불어 화평함과 거룩함을 따르라 이것이 없이는 아무도
> 주를 보지 못하리라(히 12:14).

우리는 자신과도 평화를 이뤄야 합니다. 유네스코UNESCO 헌장의
맨 앞에 이런 문장이 있습니다.

> 전쟁은 인간의 마음에서 생기는 것이므로 평화의 방벽을 건설해야 할 곳
> 도 인간의 마음이다(Since wars begin in the minds of men, it is in
> *the minds of men* that the defences of peace must be constructed).

증오와 분쟁은 마음에서 비롯되기에 자신과의 화해 역시 중요
합니다. 마음에는 하나님의 뜻대로 살고자 하는 영혼의 목소리가
있고, 육신의 정욕대로 살고자 하는 마귀의 목소리도 있습니다. 내
부에 평화가 이뤄지려면 영혼이 육신을 이기도록 해야 합니다. 하

나님의 뜻 앞에 겸손히 의지를 꺾고 순종해야 합니다. 그리하여 우리 안에 둥지를 튼 부정적인 감정을 몰아냄으로써 마음에 평화가 이뤄질 때 이웃과의 평화도 가능합니다.

> 그리스도의 평강이 너희 마음을 주장하게 하라 너희는 평강을 위하여 한 몸으로 부르심을 받았나니 너희는 또한 감사하는 자가 되라(골 3:15).

드와이트 무디Dwight Moody(1837~99)가 한 친구에게 성경책을 선물했습니다. 성경책 앞쪽 여백에 이렇게 적었습니다.

> 앞으로 자네 앞에는 두 가지 가능성이 있을 것이네. 이 성경책이 자네가 짓게 될 죄악에서 자네를 떼어놓든지, 아니면 자네가 짓는 죄 때문에 자네가 성경책에서 멀어질 가능성이라네.

우리가 위로 하나님과 화평하고, 아래로 이웃과 화목하며, 안으로 우리 자신과 화해하려면 언제나 성경 말씀 안에 머물러야 합니다. 무엇보다 화평은 성령의 열매 중 하나이기에(갈 5:22), 성령의 능력 안에 있어야 합니다.

'하나님의 아들'로 불리는 복

적극적으로 평화를 건설해가는 사람은 어떤 복을 받습니까? '하나님의 아들'로 일컬음을 받습니다. 요즈음은 성차별을 의식해서 '하나님의 자녀', 즉 '하나님의 아들과 딸'로 번역하는 예도 있지만, 분명히 원문에는 '하나님의 아들'(υἱοὶ θεοῦ, 휘오이 데우, sons of God)로 돼 있습니다.

히브리인들의 사고방식에서 '아들'은 어떤 특성에 관여한다는 의미가 있습니다. 누군가를 '개자식'(son of dog)이라고 욕할 때 그 사람의 아버지를 '개'로 비난하는 것이 아니라, 그 사람이 개의 특성을 가진다고 비난하는 것입니다. '하나님의 아들'이라는 표현도 '하나님의 자녀'가 됐다는 신분상의 의미보다 '하나님의 성품'에 참여한다는 의미가 더 강합니다. 하나님의 아들로서 아버지와 '가족 유사성'(family likeness)을 갖는다는 데 초점이 있습니다.

하나님이 '평강의 하나님'이요, 예수님이 '평강의 왕'이신 까닭에 평화를 조성하는 사람 역시 평화의 속성을 지니신 삼위일체 하나님의 본질과 성품에 참여하는 복을 얻습니다. 물론 하나님의 아들이 되는 복은 최종적으로 천상에서 실현되겠지만, 평화를 만드는 사람은 벌써 이 땅에서 하나님의 본성에 참여하는 복을 누립니다.

한 역사가의 연구에 따르면 지난 4천 년 동안 전쟁 없이 평화로운 시기는 겨우 3백 년 정도밖에 되지 않는다고 합니다. 기독교에는 두 가지 전쟁 역사가 있습니다. '십자가 전쟁'과 '십자군 전쟁'입니다. 십자가 전쟁은 다리 놓는 사랑의 전쟁입니다. 하나님과 인간 사이에, 인간과 인간 사이에 건널 수 없는 절벽 사이를 잇는 다리입니다. 자신을 죽이고 이웃을 살리는 희생 전쟁입니다. 선으로 악을 이긴 전쟁이지요. 십자가 전쟁으로 인류는 평화와 소망을 보게 됐습니다.

중세의 '십자군 전쟁'은 그리스도를 따른다고 자처하는 기독 전사들이 일으킨 정복 전쟁입니다. 남을 죽이고 평화를 쟁취하겠다는 야만과 탐욕의 전쟁입니다. 십자군 전쟁은 인류사에 큰 오점을 남기고 실패했습니다. 하나님께서 기뻐하시는 사랑과 평화의 방법이 아니었기 때문입니다.

평화를 만드는 사람은 '십자가'처럼 다리를 놓습니다. '십자군'처럼 증오의 장벽을 쌓지 않습니다. 다리 하나가 생김으로써 절벽과 절벽을 거뜬히 건너고, 육지에서 섬으로 들어가듯이, 사람들 사이에 다리를 놓는 사람은 서로 교통하게 만들어 궁극적으로 하나가 되게 합니다. 장벽을 높이 쌓는 사람은 쳐다보지 못하도록 할 뿐 아니라, 자기 것만 지키려는 욕심 때문에 그리합니다. 예수께서 하나님과 우리 사이에 다리를 놓고자 이 땅에 오신 것처럼, 우리도 이 세상 한가운데서 다리 놓는 일을 해야 합니다.

그는 우리의 화평이신지라 둘로 하나를 만드사 원수 된 것 곧 중간에 막힌 담을 자기 육체로 허시고 법조문으로 된 계명의 율법을 폐하셨으니 이는 이 둘로 자기 안에서 한 새 사람을 지어 화평하게 하시고 또 십자가

로 이 둘을 한 몸으로 하나님과 화목하게 하려 하심이라 원수 된 것을
십자가로 소멸하시고(엡 2:14-16).

2.9 제8복: "박해받는 자의 복" 〈마 5:10-12〉

너희가 그리스도의 이름으로 치욕을 당하면 복 있는 자로다
영광의 영 곧 하나님의 영이 너희 위에 계심이라(벧전 4:14).

누굴 위해 박해를?

8복의 마지막 복은 '박해받는 자'가 받을 복입니다. 사실상 8가
지 복 각각을 한 구절로 처리했기에 여덟째 복 역시 10절 하나로
끝나야 하는데, 11-12절에 9복처럼 느껴지는 말씀이 또 나옵니다.
10절의 복과 11-12절의 복은 동일한 복일까요? 서로 다른 복일까
요? 이 문제는 예수님이 말씀하신 복이 8복인지, 9복인지의 문제와
연관되기에 중요합니다. 이것을 따져보려면 10절과 11-12절을 비
교해봐야 할 것입니다.

10절	의를 위하여 박해를 받은 자는 복이 있나니 천국이 그들의 것임이라.
11-12절	나로 말미암아 너희를 욕하고 박해하고 거짓으로 너희를 거슬러 모든 악한 말을 할 때에는 너희에게 복이 있나니 기뻐하고 즐거워하라 하늘에서 너희의 상이 큼이라 너희 전에 있던 선지자들도 이같이 박해하였느니라.

8복 전체의 구조로 볼 때 천국을 차지하는 제1복과 제8복이 가운데 여섯 복을 감싸는 형태입니다. 그러므로 3절에서 시작한 팔복은 사실상 10절에서 끝난다고 봐야 합니다. 그것은 한 구절씩 한 가지 복을 말씀하실 때마다 8가지 복을 받는 사람들이 모두 불특정 다수를 뜻하는 3인칭 복수 주격으로 돼 있다는 사실에서 분명합니다. '심령이 가난한 자들', '애통하는 자들', '온유한 자들', '의에 주리고 목마른 자들', '긍휼히 여기는 자들', '마음이 청결한 자들', '화평케 하는 자들', '의를 위해 박해를 받은 자들', 모두 3인칭 복수 주격입니다.

하지만 11-12절에서 예수님은 '너희'라는 2인칭 복수 주격을 써서 제자들을 직접 겨냥하십니다. '의를 위해 박해를 받는 것'은 다름 아닌 '예수님 때문에 박해를 받는 것'이라는 사실을 제자들의 상황을 염두에 두고 부연 설명하신 것입니다.

그러므로 11-12절은 아홉째 복을 따로 말씀하신 것이 아니라, 10절의 여덟째 복을 확대해서 구체적으로 제자들에게 적용한 것입니다. 예수 따르미들에게 '박해의 복'이 워낙 중요했기에 이 여덟 번째 복을 확장해서 제자들의 상황에 직접 적용한 것이지요. 이것은 8복에 대한 말씀이 끝나자마자 예수 따르미를 '세상의 소금'과 '세상의 빛'으로 선언하실 때도 '너희'라는 2인칭 복수 주격이 사용되는 것과 연결됩니다.

일곱째 복은 평화를 만드는 자들이 받을 복인데, '평화'를 언급하다가 여덟째 복을 언급하실 때 갑자기 '박해'로 주제를 전환하는 것은 어색해 보입니다. 흔히 평화는 박해가 없는 상태를 전제한다고 생각하기 때문입니다. 하지만 그리스도인들이 세상 사람들과 제아무리 평화롭게 잘 지내려고 해도 그들이 평화를 거부할 수 있다는 것이 현실입니다. 진정한 평화는 박해 한가운데에도 타협하거나 도피하지 않고 잘 참아낼 때 조성될 수 있기에 예수께서 8복의 결론을 '박해'로 규정하셨습니다.

'의를 위해 박해를 받는 것'은 모호합니다. 흔히 공정과 평등 같은 사회 정의를 떠올리기 쉽습니다. 예수님은 이런 모호성을 해소하고자 11-12절에서 의를 위해 박해를 받는 것이 '예수님 때문에 박해를 받는 것'임을 알려주십니다. 새번역이 11절을 알아듣기 쉽게 잘 번역합니다.

> 너희가 나 때문에 모욕을 당하고, 박해를 받고, 터무니없는 말로 온갖 비난을 받으면, 복이 있다.

의를 위해 박해를 받는 것은 예수님을 위해 박해를 받는 것인데, 크게 말과 행동으로 핍박을 받는 것입니다. 신체를 고문하는 것만 박해가 아니라 터무니없이 온갖 말로 비방을 받는 것도 박해입니다. 그러기에 박해는 예수님의 이름 때문에 받는 전인격적 차원의 수난입니다.

예수님은 '박해' 그 자체가 복되다고 말씀하시지 않습니다. 조리돌림을 당하고 욕설과 비방을 받거나 고문을 당하는 것 자체는 복되지 않습니다. 그것은 '마조히즘masochism'이나 '사디즘sadism'에 가깝습니다. 예수님은 박해 그 자체를 미화하시지 않습니다. 의를 위해서 받는 박해, 즉 예수님의 이름 때문에 모욕을 당하고 핍박을 받을 때 복이 있습니다.

예수님은 왜 팔복의 절정이자 결론을 '박해받는 자의 복'으로 말씀하실까요? 왜 예수님 때문에 박해를 받는 것이 복될까요? 그것은 기독교 신앙의 진정성이 박해를 받을 때 가장 선명하게 드러나기 때문입니다.

> 그러므로 너희가 이제 여러 가지 시험으로 말미암아 잠깐 근심하게 되지 않을 수 없으나 오히려 크게 기뻐하는도다 너희 믿음의 확실함은 불로 연단하여도 없어질 금보다 더 귀하여 예수 그리스도께서 나타나실 때에 칭찬과 영광과 존귀를 얻게 할 것이니라(벧전 1:6-7).

불같은 시련이 닥칠 때 믿음의 진가가 가장 잘 드러납니다. 펄펄 끓는 용광로에서 불순물이 가려지듯이 예수님 때문에 시련을 겪을 때 알곡과 쭉정이가 가장 잘 분리됩니다. 결혼식에서 신랑 신부가 서약합니다. "좋을 때나 나쁠 때나, 부유할 때나 가난할 때나, 건강할 때나 병들 때나, 성공할 때나 실패할 때나 변함없이 서로를 돌보고 사랑할 것"이라고 서약합니다. 검은 머리가 파 뿌리가 될 때까지 사랑하겠다고 약속합니다.

신혼 시절이나 만사가 순풍에 돛을 단 것처럼 잘 풀릴 때는 이 약속을 지키기 쉽습니다. 배우자가 갑자기 사업에 실패한다든지, 중병에 걸린다든지, 가정에 큰 풍파가 찾아올 때 비로소 결혼 서약의 진가가 드러납니다. 역경의 시간이 찾아올 때도 변함없이 상대방을 사랑한다면, 그 사랑은 참사랑입니다. 역경과 시련을 만날 때 마음이 흔들리거나 상대방에 대한 헌신이 식는다면, 그동안의 사랑은 참사랑이 아니라는 사실이 판명됩니다.

진짜 신앙과 가짜 신앙도 예수님 때문에 오해를 받고 손해를 입고 모욕과 비방과 핍박을 받을 때 가장 선명하게 구별됩니다. 예수님은 이 땅에 오셔서 동족인 유대인들과 이방인인 로마인들에게 박해를 받으셨을 뿐 아니라, 예수님의 제자들 역시 세상으로부터 대대적인 박해를 받았습니다. 예수님의 가치관이 세상의 가치관과 달랐기에 세상으로부터의 박해는 기독교의 트레이드마크가 됐습니다.

> 세상이 너희를 미워하면 너희보다 먼저 나를 미워한 줄을 알라 너희가 세상에 속하였으면 세상이 자기의 것을 사랑할 것이나 너희는 세상에 속한 자가 아니요 도리어 내가 너희를 세상에서 택하였기 때문에 세상이 너희를 미워하느니라(요 15:18-19).

'순교자'는 영어로 'martyr'인데, 헬라어로 '증인'(witness)을 뜻하는 'μάρτυς'(마르투스)에서 유래했습니다. 예수님을 생생하게 증언하다가 목숨을 잃었기에 복음을 증언하며 죽어간 그리스도인을 '순교자'로 불렀던 것입니다.

주후 325년 콘스탄티누스Constantinus(272~337) 대제는 니케아Nicaea
에서 공의회를 소집했습니다. 250여 년간 계속돼 온 박해가 종식돼
니케아 공의회가 열렸을 때, 총회원 318명 가운데 사지四肢가 멀쩡
한 사람은 12명밖에 되지 않았습니다. 대부분 눈이나 손, 다리가
잘려 나가는 고문을 당했습니다. 오늘에 이르기까지 예수님 때문에
순교를 당한 사람들의 숫자는 7천만 명이나 된다고 합니다. 남북한
의 인구를 다 합한 수만큼의 그리스도인들이 예수님 때문에 박해를
당했던 것이지요. 예수님 때문에 폭행을 당하고 감옥에 간 사람들
까지 합하면 박해당한 숫자는 훨씬 더 많을 것입니다.

새번역 히브리서 11:35-38은 그리스도의 이름 때문에 박해를
받은 사람들을 이렇게 소개합니다.

또 어떤 이들은 고문을 당하면서도 더 좋은 부활의 삶을 얻고자 하여,
구태여 놓여나기를 바라지 않았습니다. 또 어떤 이들은 조롱을 받기도
하고, 채찍으로 맞기도 하고, 심지어는 결박을 당하기도 하고, 감옥에
갇히기까지 하면서 시련을 겪었습니다. 또 그들은 돌로 맞기도 하고,
톱질을 당하기도 하고, 칼에 맞아 죽기도 하였습니다. 그들은 궁핍을
당하며, 고난을 겪으며, 학대를 받으면서, 양과 염소의 가죽을 입고 떠
돌았습니다. 세상은 이런 사람들을 받아들일 만한 곳이 못 되었습니다.
그래서 그들은 광야와 산과 동굴과 땅굴을 헤매며 다녔습니다.

기뻐하고 즐거워하라

예수님의 이름 때문에 박해를 받았거나 앞으로 받을 사람에게
예수님은 기뻐하고 즐거워하라고 격려하십니다. 하늘에서 받을 상
이 크기 때문입니다. 박해를 받는 사람은 이전에 박해를 받은 선지
자들의 반열에 드는 영광을 얻습니다. 무엇보다도 의를 위해, 곧 예
수님의 이름 때문에 박해를 받는 사람들은 천국을 차지하는 복을
얻습니다. 천국을 누리는 복은 장차 종말의 때에 최종적으로 완성
되겠지만, 지금 여기에서 하나님의 주권 통치를 경험함으로써 지상
에서 이미 천국을 누리기 시작합니다.

> 그리하여 그들은 사도들을 불러다가 때린 뒤에, 예수의 이름으로 말하
> 지 말라고 명령하고서 놓아주었다. 사도들은 예수의 이름 때문에 모욕
> 을 당할 수 있는 자격을 얻게 된 것을 기뻐하면서, 공의회에서 물러 나왔
> 다(행 5:40-41).

구약 시대의 예언자들이나 신약 시대의 순교자들은 하나님의
의를 위해 자발적인 고난을 기꺼이 겪었습니다. 엘리야나 엘리사,
에스겔이나 예레미야, 이사야나 아모스, 호세아나 예언자들 대부
분이 하나님의 의를 성취하기 위해서 자발적으로 고난을 당했습니
다. 예수님의 제자들도 마찬가지였습니다. 사도 요한을 제외한 예
수님의 11명의 제자 모두가 순교를 당했습니다. 초대교회 시대에

도 헤아릴 수 없이 많은 교인이 순교를 당했습니다. 그리하여 초대 교회 교부인 터툴리안Tertulian(155~240)은 "순교자의 피는 교회의 씨앗"이라고 말했던 것입니다.

인도의 성자 썬다 싱Sundar Singh(1889~1929)은 순교자적 신앙 때문에 박해를 받은 사람으로 유명합니다. 그리스도인이라는 이유 하나 때문에 그의 가족들은 썬다 싱을 독살하려고 했습니다. 수없이 돌에 얻어맞았으며 감옥에 갇혔습니다. 들판에 서 있는 나무에 밧줄로 묶어 들짐승의 먹잇감이 되도록 한 적도 있습니다. 짐승 가죽에 물을 흠뻑 뿌려 젖게 한 다음 썬다 싱을 그 안에 집어넣어 빈틈없이 실로 꿰맨 뒤, 햇빛이 쨍쨍 내리비치는 들판에 놓고 젖은 가죽이 수축해 질식사하게 방치된 적도 있습니다. 이런 이유로 인도의 그리스도인들은 썬다 싱을 '인도의 프란체스코'로 부릅니다. 썬다 싱은 생전에 이런 말을 했습니다.

수많은 세월 동안 내가 겪은 경험으로 볼 때 나는 주저하지 않고 이렇게 말할 수 있습니다. "십자가는 십자가를 기꺼이 지려고 하는 사람들을 반드시 끝까지 지탱해줍니다."

3. 소금과 빛
〈마 5:13-16〉

너희는 세상의 소금

팔복이 끝나자마자 어떤 교훈이 가장 먼저 등장하는가는 중요합니다. 천국 시민으로서 여덟 가지 복을 누리는 사람에게 예수께서 당부하시는 첫 번째 교훈이기 때문이지요. 예수님은 '의를 위해 박해받는 자의 복'이라는 여덟째 복을 말씀하실 때 이 복을 제자들에게 직접 적용해서 부연 설명까지 하셨습니다. 팔복 전체가 불특정 다수를 지칭하는 3인칭 복수 주격을 쓰다가, 마지막 복에서 제자들을 겨냥할 때는 '너희'라는 2인칭 복수 주격을 사용합니다. 여덟째 복이 그다음 교훈과 직결된다는 사실은 예수께서 계속해서 '너희'라는 다정한 표현을 쓰시기 때문입니다.

예수님은 팔복 선언을 마치자마자 제자들을 '세상의 소금'과 '세상의 빛'이라고 선언하십니다. 태고부터 오늘에 이르기까지 가정생활에 가장 중요한 필수품 둘이 있다면, '소금'과 '빛'입니다. 아무리 가난해도 어느 집이나 소금과 등불만큼은 반드시 갖추기 마련입니다. 예수님도 어린 시절부터 소금과 빛 없이는 살 수 없다는 사실을 익히 아셨기에 두 개의 비유를 엮어서 말씀하셨을 것입니다.

팔복을 누리는 제자들은 세상에 나가서도 선한 영향력을 미쳐야만 한다는 사실에 '소금'과 '빛' 은유의 요점이 있습니다. 소금과 빛이 없는 세상은 상상하기 어렵듯이 세상에 나가 꼭 필요한 그리스도인들로 살라는 것이지요.

> **너희는 세상의 소금이니 소금이 만일 그 맛을 잃으면 무엇으로 짜게 하리요 후에는 아무 쓸데 없어 다만 밖에 버려져 사람에게 밟힐 뿐이라**(마 5:13).

예수님은 우리를 '세상의 소금', 더 정확히 '땅의 소금'(τὸ ἅλας τῆς γῆς, 토 할라스 테스 게스, the salt of the *earth*)이라고 말씀하십니다. '땅'이나 '세상'은 하나님이 지으신 피조 세계를 통칭합니다. 예수님은 산상수훈을 듣는 제자들이 '세상의 소금'이라고 말씀하십니다. '부뚜막의 소금'이나 '식당의 소금'이 아니라, '세상의 소금'이라고 단언하십니다. 세상이 제자들을 박해하겠지만, 제자들은 소금처럼 세상에 유익을 끼치는 사람들로 살라는 당부지요. 다른 사람들은 어떨지 모르지만, 예수님을 따르기로 작정한 **너희**, 즉 **제자들**이 세상의 소금이라는 사실을 강조하십니다.

'너희'는 복수지만, '소금'과 '빛'은 단수입니다. 빌립보서 2:15의 "세상에서 그들 가운데 빛들로 나타내며"라는 말씀에서의 '빛들'(lights)은 복수입니다. 각 사람이 빛으로 살라는 말입니다. 이와 달리 '너희가 소금과 빛'이라는 말씀은 어느 한 개인만 소금과 빛이라는 뜻이 아니라, 모든 크리스천이 소금과 빛으로 살라는 뜻입니다. 따라서 '너희'라는 인격적 표현은 '우리 모두'를 지칭합니다. 어떤 한 개인이 아니라 공동체 전체를 향해서 주신 말씀이지요.

제자들이 세상에서 선한 영향력을 미치기 위해서 소금이어야만 한다는 사실은 무엇을 의미할까요? 소금의 기능은 두 가지입니다. '방부제'와 '조미료' 역할입니다. 예수님 시대에는 냉장고가 없었고, 어느 때나 얼음을 만들 수 있는 제빙기製氷機도 없었기에 음식물이 썩지 않게 오래 보관하려면 소금이 필수적이었습니다. 소금을 쳐서 고기나 생선, 채소 등 다양한 음식물을 신선하게 보존했습니다. 곡물을 주고받을 때도 그 위에 소금을 뿌려서 곰팡이가 슬거나 썩는 것을 방지했습니다.

옛날에는 어린아이가 태어날 때 소금물로 목욕을 시켰습니다. 소금물이 아기를 정결케 할 뿐 아니라 오래 살게 해줄 것이라는 의학적 신념 때문이었습니다. 소금이 현금으로 통용된 적도 있습니다. 일꾼들에게 품삯을 지급할 때 현금 대신 소금을 제공했기에 '봉급'이라는 영어 'salary'는 소금을 뜻하는 'salt'에서 왔다고 합니다.

유대인들은 쌍방 간에 계약을 체결할 때도 소금을 사용했습니다. 사업이나 거래 문제로 계약을 맺어야 할 때 문서로 하지 않고,

양쪽이 자기 집에서 소금을 가져와 상대방의 어깨에다 뿌렸습니다. 소금이 썩지 않게 보존해주는 기능이 있기에 서로 약속을 잘 보존하자는 의미에서 이런 '소금 계약'의 관습이 생긴 것이지요.

고대에 전쟁이 발발하면 주로 칼과 창과 활로 싸우다 보니 '자상刺傷', 즉 칼에 베이거나 활에 찔리는 상처가 자주 발생했습니다. 그러기에 전사들이 항상 휴대해야 할 가장 중요한 치료제가 소금이었습니다. 상처 난 부위에 소금을 뿌려서 응급 처치를 했던 것입니다.

소금은 음식에 맛을 내는 조미료 구실도 합니다. 어떤 음식이든지 소금이 들어가지 않으면 맛이 나지 않습니다. 적당히 소금을 칠 때 싱겁거나 짜지 않습니다.

소금이 방부제와 조미료의 두 기능을 한다면, 예수님은 우리가 한편으로 세상의 부패를 막고, 다른 한편으로 무미건조한 세상을 맛깔나는 세상으로 만들 것을 기대하십니다. 세상은 언제나 부패합니다. 온갖 악독과 음란과 폭력으로 가득합니다. 이런 세상에서 그리스도인은 소금처럼 썩지 않게 하는 방부제 역할을 해야 합니다.

세상은 점점 더 맛을 잃어갑니다. 어떤 사람은 우리 시대처럼 흥미진진한 시대가 어디에 있느냐고 반문할 것입니다. 기계문명이 고도로 발달해서 그 어떤 시대보다도 볼거리와 들을 거리가 많은 시대라고 자랑하지만, 옛날의 인간미와 살가운 정은 사라진 살벌한 세상이 됐습니다. 이런 세상에 나가서 우리는 사람답게 사는 맛을 보여줘야 합니다. 무미건조하고 냉혹한 세상 한가운데서 맛을 내는 조미료 구실을 해야 합니다.

소금이 짠맛을 잃으면?

소금이 맛을 잃을 때가 있습니다. 짠맛을 잃을 때지요. 소금은 '염화나트륨' 성분을 100% 함유할 때 본래의 기능을 합니다. 염기 때문에 음식물이 썩지 않게 하고 상처를 아물게 하고 맛을 내는 힘이 있습니다.

소금은 그 자체로 짠맛을 잃어버릴 가능성이 거의 없습니다. 망치로 깨부수고 맷돌로 간다고 할지라도 소금 성분은 쉬 사라지지 않습니다. 다만 불순물이 섞이면 짠맛을 잃습니다. 예수님 시대의 상인들은 소금에 불순물을 섞어서 판매할 때가 있었습니다. 소금이 워낙 요긴하고 비싸다 보니 아낄 생각으로 소금에 하얀 모래를 섞는 경우가 있었습니다.

이처럼 소금에 불순물이 섞여 염도가 희석稀釋(diluted)될 때 소금은 방부제나 조미료 역할을 할 수 없습니다. 소금이 물에 들어가 용해되어 소금보다 물의 양이 압도적으로 많을 때도 염기가 비례해서 얕아지기에 짠맛을 잃고 밋밋하게 됩니다.

소금은 소량이라고 할지라도 얼마든지 방부제와 조미료 구실을 합니다. 바닷물은 겨우 3.5%의 염기 때문에 짭니다. 97% 가까이가 맹물이지만 극소량의 소금기 때문에 바닷물이 짠 것입니다. 그러므로 100명 가운데 3명 정도만 소금 구실을 해도 세상은 달라질 것입니다. 오늘날 한국 기독교인의 숫자가 100명 가운데 20명이나 된다고 하지만 세상은 크게 달라진 것이 없습니다. 그리스도인이 세상 문화에 압도당한 나머지 기독교적 정체성을 상실하고 세상과 구별되지 않는 삶을 산다면, 이것이야말로 짠맛을 잃어버린 소금에 불과할 것입니다.

염화나트륨 성분을 잃은 소금은 겉모양이 하얗다고 해도 짠맛이 나지 않습니다. 짠맛을 잃어버린 소금은 더는 소금이 아니기에 예수님의 말씀대로 바깥에 함부로 버려져 사람들이 짓밟고 다닙니다. 염기를 잃은 소금은 퇴비로도 쓸 수 없기에 백해무익합니다.

너희는 세상의 빛

그리스도인이 세상에 나가 '소금'처럼 요긴한 존재가 돼야만 한다고 역설하신 예수님은 이번에는 '빛'의 비유를 들어 그리스도인의 사명을 말씀하십니다.

> 너희는 세상의 빛이라 산 위에 있는 동네가 숨겨지지 못할 것이요 사람이 등불을 켜서 말 아래에 두지 아니하고 등경 위에 두나니 이러므로 집 안 모든 사람에게 비치느니라(14-15절).

예수께서 '세상의 빛'(τὸ φῶς τοῦ κόσμου, 토 포스 투 코스무, the light of the world)이라고 말씀하실 때도 너희라는 말을 강조하십니다. 세상이 어두워도 제자들은 빛처럼 밝아야만 한다는 것이지요. 빛의 본질적인 기능은 어둠을 환히 밝히는 데 있습니다. 우리는 한밤중이라고 할지라도 전깃불이 있기에 대낮처럼 생활합니다.

예수님 시대에도 땅거미가 밀려와 사방이 어두컴컴해지면 집집이 등불을 밝혀서 한밤중에도 빛 때문에 사람과 물건을 식별할 수 있었을 것입니다. 바다에서 길을 잃고 헤매는 항해사에게 등대는 생명과 구원의 상징입니다. 지하 탄광에서 오랫동안 빛을 보지 못한 광부에게 한 줄기 빛은 생명입니다. 성경은 예수님이 어두운 세상을 환히 비추는 빛이라고 말씀합니다.

참 빛 곧 세상에 와서 각 사람에게 비추는 빛이 있었나니(요 1:9).

빛이신 예수님을 믿고 따르는 제자들 역시 이 빛을 받아 세상을 환히 밝혀야 할 사명이 있습니다. 그러나 어두운 세상에 우리의 빛이 제아무리 밝아도 세상을 밝히기에는 역부족입니다. 우리는 스스로 빛을 밝히는 발광체가 될 수 없습니다. 빛 되신 예수님의 빛을 받아 세상에 되비치는 반사체일 뿐입니다.

예수께서 또 말씀하여 이르시되 나는 세상의 빛이니 나를 따르는 자는 어둠에 다니지 아니하고 생명의 빛을 얻으리라(요 8:12).

빛을 숨긴다?

우리가 예수님의 빛을 받아서 세상에 반사해야 한다면, 중요한 진리가 하나 있습니다. 빛은 반드시 저절로 드러난다는 진리입니다. 감추려고 해도 감출 길이 없습니다. 숨기고 또 숨겨도 빛은 저절로 드러납니다. 세상에서 제일 빠른 속도가 '빛의 속도'(光速)입니다. 진공 상태에서 빛은 초속 30만 킬로미터로 달립니다. 1초에 지구 둘레를 7바퀴 반을 돌 수 있는 엄청난 속도지요. 이렇게 빠른 속도로 퍼져나가는 빛을 감춘다는 것은 말도 되지 않습니다.

예수님은 빛의 '가시성'可視性(visibility)을 강조하고자 빛과 관련해서 두 가지 비유를 보태십니다. '산 위에 있는 동네'와 '등경 위에 있는 등불'입니다. 모두 "빛은 숨길 수 없다"라는 진리를 강조하기 위한 이미지들이지요.

요즈음도 그렇지만 예수님 시대의 팔레스타인에는 작은 산이나 언덕 위에 형성된 마을이 많았습니다. 전깃불이 없던 시대에 칠흑같이 어두운 밤 산 위의 동네가 집집마다 등불을 켠 모습을 상상해봅시다. 산 마을은 밝은 대낮에도 밖으로 돌출되기 마련인데, 깜깜한 밤에 온 동네가 등불을 밝혔을 때 더더욱 뚜렷이 드러났을 것입니다.

빛의 목적은 어둠을 밝히는 데 있기에 등불을 말 아래, 즉 바구니 밑이나 진흙 항아리 안에 숨기지 않습니다. 예수께서 '산 위의 마을'과 '집안의 등불'을 통해 전달하시려는 강조점은 산 위에 선 마을이 숨을 수 없듯이, 등불을 켜서 등경 아래 바구니에 숨기지 않듯이 그리스도인은 하나님의 의를 위한 일일 때에는 숨지 말아야만 한다는 사실입니다. 감출 수 없는 빛의 속성을 들어서 하나님의 의를 위한 일이라고 할 때 '은밀한 그리스도인'은 있을 수 없다는 사실을 강조하신 것이지요.

오늘날 적지 않은 그리스도인들이 신앙생활을 하나의 개인 취미나 사적 기호처럼 여깁니다. 할 수 있으면 자신이 그리스도인이라는 사실을 드러내지 않습니다. 직장 동료나 사회 친구가 자신이 교회 집사요 권사라는 사실을 모르게 하려고 시침을 뚝 뗍니다. 이럴 때 등불을 켜서 말 아래 두는 것과 같고, 세상과 구별되는 그리스도인의 정체성은 오간 데 없이 적당히 세상과 타협하고 동화해서 양다리를 걸치고 사는 것입니다.

이런 이들에게 예수님은 단호히 말씀하십니다. 그리스도인은 세상의 빛이기에 그 빛을 온 세상에 두루두루 비춰야만 한다는 것이지요. 벽장이나 바구니 아래 숨지 말고, 그 빛이 온 세상 구석구석으로 퍼져나가게 하라는 것입니다.

그렇다면 우리가 예수님의 빛을 세상에 비추는 것은 무엇을 말할까요?

이와 같이 너희 빛이 사람 앞에 비치게 하여 그들로 너희 착한 행실을 보고 하늘에 계신 너희 아버지께 영광을 돌리게 하라(16절).

예수님의 빛을 세상에 두루 비추는 것은 선행을 실천하는 것입니다. '선행'(good works)은 우리가 말과 행동으로 하는 일체의 덕행입니다. 믿는 것과 고백하는 것, 진리를 가르치고 복음을 전하는 것, 아름답게 봉사하는 행위에 이르기까지 전인격적 삶으로 복음을 살아내는 모든 것이 선행입니다. 우리가 그리스도인다운 선행을 온몸으로 실천할 때 세상 사람들은 우리의 착한 행실을 보고 하나님께 영광을 돌리게 됩니다. 우리의 선행이 세상의 비기독교인들을 하나님께로 이끄는 전도의 통로가 됩니다.

근대 교육의 아버지로 알려진 요한 페스탈로치Johann H. Pestalozzi(1746~1827)는 평소에 아이들이 놀고 있는 주변의 깨진 병 조각을 줍는 실천적인 교사였습니다. 자녀들에게 아무리 착하게 살라고 입에 침이 마르도록 가르쳐도 소용이 없습니다.

> 학교에서 선생님께 배운 도덕의 부스러기 지식은 집에 오다가 도랑을 건너는 순간 잊어버린다. 하지만 이웃집 아이와 따뜻한 빵 한 조각을 나눠 먹을 때 느낀 훈훈한 감정은 평생 잊히지 않는다.

페스탈로치가 한 말입니다. 많은 것을 아는 지식보다 지금 알고 있는 작은 지식 하나를 실천하는 것이 더 중요합니다.

'소금됨'과 '빛됨'의 사명

예수님은 제자들에게 "소금과 빛처럼 살라"고 말씀하시지 않습니다. '소금과 빛처럼 돼야만' 한다고도 말씀하시지 않습니다. "너희는 세상의 소금이다." "너희는 세상의 빛이다." 직설법(indicative)

이지만, 명령법(imperative)을 포함한 단언斷言(affirmation)입니다. 직설법 다음에는 '왜'와 '어떻게'라는 부연 설명이 없습니다. 왜 소금이고, 왜 빛인지에 대한 설명이 없습니다. 어떻게 소금이 되고, 어떻게 빛이 돼야만 하는지도 설명하지 않습니다. 딱 잘라서 '세상의 소금'이며, '세상의 빛'이라고 단언할 뿐입니다.

직설법은 '하나님의 명령'을 포함합니다. "세상은 부패하지만, 너희는 세상의 부패를 막는 소금으로 살아라!" "세상은 암흑천지지만, 너희는 세상을 환히 비추는 빛으로 살아라!" 그리스도인의 존재 자체가 세상에 없어서 안 될 소금과 빛이어야만 한다는 당위성을 강조하신 것입니다. '너희'(제자들)와 '세상'은 언제나 극명하게 대조됩니다. '세상'은 썩어 가지만, '너희'는 세상의 부패를 막는 '소금'이어야만 하며, '세상'은 어두컴컴 하지만 '너희'는 어둠을 밝히는 '빛'이어야만 한다는 것입니다.

소금이나 빛에는 공통점이 하나 있습니다. 둘 다 나눠주고 소모하는 데 존재 목적이 있습니다. 소금이나 빛은 그 자체로는 존재의 의미가 없습니다. 소금은 어떤 대상과 관련해서 자신을 녹여 염기를 나눠 줄 때 목적을 달성합니다. 빛 역시 어둠과 관련해서 빛을 나눠주는 데 존립 목적이 있습니다.

소금은 주로 부정적인 기능을 합니다. 자신을 녹여서 썩는 것을 막습니다. 빛은 주로 긍정적인 기능을 합니다. 적극적으로 어둠을 몰아내고 밝게 만듭니다. 그리스도인에게는 소금과 같이 부패를 방지하고 악을 막는 부정적이고 소극적인 기능도 필요하고, 빛과 같이 어둠을 밝히는 긍정적이고 적극적인 기능도 다 필요합니다. 그러므로 소금과 빛은 상호보완적입니다.

소금이 부패를 방지할 때 상처를 자극해서 따끔거리게 하듯이, 우리 역시 세상이 부패할 때 세상에 얼얼한 자극을 줘야만 합니다. 소금은 홀로 있어서 아무 효용이 없고 어디엔가 스며들어야 하듯이, 그리스도인 역시 세상에 침투해서 병든 세상을 고쳐야만 합니다. 빛은 엄청난 속도로 사방으로 번져나가고 숨길 수 없듯이, 그리스도인 역시 세상에 밝히 드러나 선한 영향력을 미쳐야만 합니다.

결국 '소금'과 '빛'은 **본질론적** 비유가 아닌, **기능론적** 비유입니다. 소금은 물에 비견될 정도로 필수적입니다. 빛은 공기에 비견될 정도로 소중합니다. 소금과 빛이 없는 세상은 상상할 수조차 없습니다. 생존 자체를 위협하기 때문이지요. 예수께서 우리가 소금과 빛이라고 말씀하시는 것은 우리의 본질(substance)이나 신분(status)을 강조하는 데가 아니라, 소금과 빛의 기능(function)을 하며 살라고 권장하는 데 그 초점이 있습니다. 소금이 짠맛을 내 썩는 것을 방지하듯이 세상에서 **소금의 기능**을 하며 살라는 것에 초점이 있습니다. 빛이 어둠을 몰아내고 세상을 밝게 하듯이 **빛의 기능**을 하며 살라는 것에 초점이 있습니다.

그러므로 예수님의 말씀을 곡해한 나머지 "우리는 소금과 빛처럼 중요한 엘리트들이다"라는 식으로 해석해서 안 됩니다. 산상수훈 전체가 예수님의 뒤를 따르는 제자들의 정체성에 관한 지침이라고 한다면, 우리는 '소금됨'(saltness)과 '빛됨'(lightness)을 상실할 때 발생하는 '기독교 정체성의 약화 혹은 상실'을 가장 우려해야 합니다.

4. 율법을 완성하러

〈마 5:17-20〉

유대인으로서 유대인들에게 주신 교훈

예수께서 팔복의 마지막 복을 말씀하실 때 이 복을 제자들에게 직접 적용하셨습니다. 불특정 다수를 지칭하는 3인칭 복수 주격을 쓰시다가 '너희'라는 좀 더 친밀하고 인격적인 2인칭 복수 주격으로 전환하셨습니다. 이것은 팔복이 끝난 뒤 제자들이 '세상의 소금'이요 '세상의 빛'이라고 선언하실 때도 지속됩니다. 다름 아닌 '너희', 즉 '제자들'이 세상의 소금이요 세상의 빛이라는 것이지요. 그러다가 오늘 말씀부터는 '내가'(I)라는 1인칭 주격으로 바뀝니다. 권위가 넘치는 예수님의 가르침이 본격적으로 시작된다는 신호탄일 것입니다. 구약의 가르침과는 사뭇 다른 예수님 특유의 가르침이 펼쳐질 것입니다. 산상수훈의 전체 구조를 간단한 도표로 정리할 수 있습니다.

서론	본론	결론
(마 5:3-16)	(마 5:17-7:12)	(마 7:13-27)

본론의 시작과 끝부분은 전형적인 '수미상관법'(inclusio)으로 돼 있습니다. 구약을 통칭하는 '율법'과 '선지자'(예언서)가 가운데 내용을 감싼 형태지요.

마 5:17	내가 **율법**이나 **선지자**를 폐하러 온 줄로 생각하지 말라 폐하러 온 것이 아니요 완전하게 하려 함이라.
마 7:12	그러므로 무엇이든지 남에게 대접을 받고자 하는 대로 너희도 남을 대접하라 이것이 **율법**이요 **선지자**니라.

산상수훈의 몸통 부분은 예수님이 율법서와 예언서로 된 구약을 "폐기하러 오신 것"이 아니라, "완성하러 오셨다"는 대전제와 저 유명한 7:12의 황금률이 중심 주제입니다. 특히 5:17-48은 예수께서 '복음'과 '율법'의 관계, '구약'과 '신약'의 관계를 해석하시고 제자들에게 적용하신 것입니다.

예수님은 유대인으로서 1세기의 유대인들에게 이 말씀을 하셨습니다. 읽으신 성경도 '구약'이었지요. 구약의 권위를 인정하셨고, 그 말씀대로 살아야만 한다고 생각하셨습니다.

예수님과 율법의 관계

예수께서 구약의 권위를 존중하셨다는 사실은 산상수훈의 몸통부에서 대전제가 되는 5:17-20에서 드러납니다. 17-18절은 예수님과 율법의 관계, 19-20절은 제자들과 율법의 관계에 대한 말씀입니다. 그리스도인이 율법을 어떻게 생각해야 하는가는 예수님이 율법을 어떻게 생각하셨는가에 의존하기에 두 관계는 논리적으로 연결됩니다.

예수님은 구약과 관련해서 이 땅에 오신 목적부터 밝히십니다.

> 내가 율법이나 선지자를 폐하러 온 줄로 생각하지 말라 폐하러 온 것이 아니요 완전하게 하려 함이라(17절).

예수님은 구약을 '폐기하러' 오신 것이 아닙니다. '완성하러' 오셨습니다. 산상수훈을 모세의 '옛 율법'과 대조되는 '새 율법'으로 해석하는 이가 있습니다. 예수님이 '새 모세'로서 새 율법의 '제정자'(legislator)라는 것이지요. 산상수훈 전체를 모세의 율법과 대조되는 '새 율법'으로 본다면, 예수께서 구약을 폐기하셨다고 해석할 수 있습니다.*

---

* 실제로 예수께서 안식일에 병을 고치셨거나, 제자들이 안식일에 밀이삭을 먹었다는 사실 때문에 예수님과 제자들이 율법을 폐기한다는 의혹을 샀습니다.

그러나 예수님은 구약을 파기하는 것이 목적이 아님을 분명히 하십니다. 완성하러 오셨습니다. 구약을 완성한다는 것은 무엇을 의미할까요? '폐기'(abolition)와 '완성'(fulfillment)의 관계를 생각해 봅시다. '폐기'는 연속성이 없고, 그냥 내치는 것입니다. 하지만 '완성'은 처음부터 끝까지의 전 과정이 유기적으로 연결됩니다. 어린 아이가 자라나서 어른이 될 때 성년기가 유년기를 폐기하는 것이 아니라 완성합니다. 낮은 새벽을 폐기하는 것이 아니라 새벽이 정오의 한낮으로 완성됩니다.

'폐기'는 완전한 단절이지만, '완성'은 부족한 것을 충만히 채우는 것입니다. 꽃씨를 심어 처음에 싹이 나서 봉오리가 피어오르다가 마침내 활짝 만개(滿開)할 때 씨앗과 싹, 봉오리, 활짝 핀 꽃은 처음부터 끝까지 불완전한 상태에서 완전한 상태로 나아가는 연속 과정입니다. 시냇물이 강물이 되고, 마침내 큰 바다를 이룰 때 수원지가 폐기돼 사라지는 것이 아니라 대양에 흡수 통합됨으로써 완성되는 이치도 마찬가지입니다. 폐기는 단절이지만, 완성은 처음부터 끝까지 연결되다가 완전하게 실현되는 것입니다.

구약과 신약의 관계에 대해서 어거스틴이 유명한 말을 했습니다.

신약은 구약에 감춰졌고, 구약은 신약에 드러났다(The New Testament lies hidden in the Old and the Old Testament is unveiled in the New).

구약에서 메시아에 관해 예언하고 약속한 모든 것이 신약의 예수님을 통해서 완전히 실현됐습니다. 구약은 언제나 메시아 예수님을 예언하고 약속하고 있기에 신약을 가리킵니다. 그러므로 구약을 파보면 신약에서 실현된 메시아 예언과 약속이 숨겨져 있고, 이 예언과 약속이 신약에서 성취됐기에 구약에 감춰진 것이 신약에서 밝히 드러났습니다.

구약의 율법에는 세 가지가 있습니다. '의식법'(ceremonial law)과 '시민법'(civil law)과 '도덕법'(moral law)입니다. 구약에는 각종 제사와 희생 제물, 안식일 준수 등에 관한 의식법이 있습니다. 예수님의 십자가와 부활이 이 의식법을 완성했기에 더 이상 필요가 없지만, 의식법 근저에 놓인 원리, 즉 신령과 진정으로 하나님을 예배하는 정신은 복음이 온 후에도 유효합니다.

이스라엘의 일상생활에 적용된 시민법은 복음이 적용되는 현대 사회에서는 더 이상 부합하지 않지만, 역시 그 근저에 놓인 원리, 즉 구별된 하나님 백성의 정체성은 계속됩니다. 예컨대 하나님의 선민으로서 어떤 음식을 먹고, 어떤 옷을 입어야만 하는가의 문제는 그리스도인이 된 다음에도 그 근본정신만큼은 여전히 중요합니다.

하나님의 백성이 일상생활에서 지켜야 할 십계명과 같은 도덕법이야말로 율법 시대가 복음 시대로 완성된 다음에도 그리스도인이 계속 지켜야 할 가장 중요한 생활 윤리입니다. 예수님이 주로 염두에 두신 것이 도덕법이라고 할지라도, 그리스도인은 구약의 율법 전체를 존중해야 마땅합니다. 어쨌든 예수께서 오심으로써 시민법이든, 도덕법이든 간에 완성됐다는 사실이 중요합니다. 예수께서 율법의 마침이 되심으로써 율법이 종결됐습니다. 율법으로부터 자유롭게 됐습니다.

> 그리스도는 모든 믿는 자에게 의를 이루기 위하여 율법의 마침이 되시니라(롬 10:4).

예수께서 구약의 권위를 존중하셨다는 사실은 다음의 말씀에서 여실히 드러납니다.

> 진실로 너희에게 이르노니 천지가 없어지기 전에는 율법의 일점 일획도 결코 없어지지 아니하고 다 이루리라(18절).

'일 점'(one letter)은 헬라어 알파벳에서 'ι'(이오타)인데, 히브리어 알파벳의 가장 작은 글자 'yod요드'에 상응합니다. 콤마comma(쉼표: ',') 처럼 제일 작은 글자이지요. '일 획'(one stroke of a letter)은 우리말 그대로 살짝 한 획을 그어서 다른 글자와 구분되는 것을 말합니다.* 따라서 율법의 일 점, 일 획은 구약에 기록된 아주 사소한 계명 하나까지, 즉 구약 전체가 우주의 종말이 오기 전까지는 없어지지 않고 실현된다는 말입니다.

---

* 예컨대, 's' 위에 있는 작은 점 하나가 's'와 'sh'를 구분해 줍니다.

제자들과 율법의 관계

예수님은 자신의 율법관을 먼저 말씀하신 뒤에 제자들이 율법에 어떤 태도를 갖춰야 할지를 말씀하십니다.

> 그러므로 누구든지 이 계명 중의 지극히 작은 것 하나라도 버리고 또 그같이 사람을 가르치는 자는 천국에서 지극히 작다 일컬음을 받을 것이요 누구든지 이를 행하며 가르치는 자는 천국에서 크다 일컬음을 받으리라 내가 너희에게 이르노니 너희 의가 서기관과 바리새인보다 더 낫지 못하면 결코 천국에 들어가지 못하리라(19-20절).

구약의 지극히 작은 계명이라고 할지라도 어기거나 어기도록 가르치는 사람은 천국에서 지극히 작은 자가 된다는 것입니다. 반대로 작은 계명 하나를 지키거나 지키도록 가르치는 사람은 천국에서 큰 자가 됩니다. 한 마디로 구약의 계명 가운데 지극히 작은 것 하나라도 실천해야만 하고, 또 실천하도록 가르쳐야만 한다는 것입니다.

하지만 지극히 작은 계명 하나를 지키고 못 지키고에 따라서 천국에 들어가고 못 들어가고가 결정되는 것은 아닙니다. 천국에 들어가는 것은 그리스도에 대한 믿음을 통해서 하나님의 은혜로 들어가는 것이지, 율법을 지켜서 얻은 공로 때문이 아닙니다. 그러므로 '율법 준수 여부'는 천국에 들어가는 문제나 천국에서의 지위 문제와 관련된 것이 아니라, 천국에서의 상급의 차등과 관련된 문제입니다.

예수님은 앞으로 가르치실 교훈을 위해서 결정적으로 중요한 말씀을 하십니다. 그리스도인의 의가 '서기관'이나 '바리새인'의 의보다 낫지 못하면 결단코 천국에 들어가지 못하리라는 말씀입니다. 서기관은 밤낮으로 성경을 연구하고 필사하는 율법 학자이고, 바리새인은 보통 사람들과 확연히 구별되는, 율법적으로 엄격하고 경건한 삶을 산 사람입니다. 그런 대단한 사람들보다 그리스도인의 의가 더 나아야만 한다는 것입니다.

이것은 서기관과 바리새인이 십계명에서 다섯을 지키면, 그리스도인은 일곱을 지켜야만 한다는 뜻이 아닙니다. '~을 하라'는 248가지의 적극적 계명과 '~을 하지 말라'는 소극적 계명 365가지, 총 613개 계명 중에서 서기관과 바리새인이 300개를 지킬 때, 그리스도인은 600개를 지키라는 뜻도 아닙니다. 문자적이고 피상적인 율법 준수에 머무르지 말고, 율법의 근본정신을 헤아려 마음의 동기에서부터 철저히 준수하라는 뜻입니다.

그리스도인의 의가 서기관이나 바리새인의 의보다 더 나아야만 한다는 사실을 강조하고자 예수님은 6가지 구체적 사례를 드십니다. '살인'(21-26절), '간음'(27-30절), '이혼'(31-32절), '맹세'(33-37절), '보복'(38-42절), '원수사랑'(43-48절)에 대한 교훈입니다.

6가지 본보기 사례는 모두 특별한 공식으로 시작됩니다.

너희가 들었으나… 나는 이렇게 말한다(You have heard that it was said to... But I say to you).

흔히 이것을 6가지 '반대 명제'(antitheses)라고 말하지만, 예수님의 목적은 율법을 반대하시고 새 율법을 제시하는 데 있지 않습니다. 서기관과 바리새인의 율법 해석이 온당치 못함을 아시고 온당한 해석을 하는 데 목적을 두십니다.

6가지 샘플은 구약의 율법을 폐기하고 기독교의 새 율법을 제시하는 것이 아니라, 서기관과 바리새인의 문자적이고 피상적인 율법 해석과 율법 준수를 비판하면서, 그리스도인은 마음의 동기에서부터 더 철저하고 더 진실하게 율법을 해석하고 지킬 것을 촉구한 것입니다. 그러기에 율법을 반대한 것이 아니라, **확대하고**(extending) **심화시킨**(deepening) 것이지요.

예컨대 "살인하지 말라"는 십계명의 여섯째 계명과 관련해서 서기관과 바리새인은 누군가를 죽이지 않았다는 '행위'에만 초점을 맞춥니다. 살인을 저지르지 않았다는 행위에만 국한해서 살인 금지 계명을 준수했다고 자부했는데, 예수님은 누군가를 죽이고 싶을 만큼 증오심(殺心)을 품는 것 자체가 살인한 것과 마찬가지라고 말씀하십니다. 이처럼 행위로 나타나기 전 행위자의 마음 동기부터 따지는 것이야말로 행동으로 옮기지만 않으면 율법을 준수했다고 자부하는 서기관과 바리새인의 의보다 훨씬 더 철저한 의가 됩니다.

서기관과 바리새인은 율법을 지켰다는 사실에서 '자기 공로'나

'자기 의'를 앞세우기 일쑤였지만, 그리스도인은 그 어떤 공로나 자기 의로도 천국에 들어갈 수 없고 오로지 그리스도의 의에 의지해서만 천국에 들어갈 수 있다고 믿는다는 점에서 그들의 의를 능가합니다. 다시 말해 서기관과 바리새인은 율법 준수 행위 하나에만 근거한 '자기 의'를 자랑하지만, 그리스도인은 율법 준수는 물론이고 그리스도 예수를 믿어서 얻는 의까지 함께 붙들기에 그들의 의보다 훨씬 더 나은 의를 지향합니다.

> 그러므로 율법의 행위로 그의 앞에 의롭다 하심을 얻을 육체가 없나니 율법으로는 죄를 깨달음이니라 이제는 율법 외에 하나님의 한 의가 나타났으니 율법과 선지자들에게 증거를 받은 것이라 곧 예수 그리스도를 믿음으로 말미암아 모든 믿는 자에게 미치는 하나님의 의니 차별이 없느니라(롬 3:20-22).

서기관과 바리새인의 의보다 그리스도인의 의가 더 나은 것이 되려면 '믿음'과 '행위'가 일치해야 합니다. 바울이 '순종의 믿음'(롬 1:5, 16:26)으로 표현한 것처럼, 또한 나무와 열매가 하나로 연결된 것처럼 '믿음의 의'는 반드시 '순종의 의'로 나타나야만 합니다.

5. 더 나은 의 (1)

〈마 5:21-30〉

율법의 올바른 해석

그리스도와 모세, 복음과 율법, 신약과 구약의 관계는 복잡하지만, 중요합니다. 산상수훈에서 이런 관계에 대해 아주 중요한 단서를 찾을 수 있습니다. 예수님은 자신이 율법과 선지자, 즉 구약을 폐하러 오신 것이 아니라, 완성하러 오셨다고 말씀하십니다. 그러기에 예수님은 새로운 모세로서 구약의 율법과 전혀 다른 새로운 율법을 제정하고 수여하신 분이 아닙니다. 예수님은 구약의 권위를 존중하셨지만, 그 당시 서기관들과 바리새인들이 성경의 문자 뒤에 숨은 근본정신은 망각한 채 자구에 매달려 피상적이고 편협하게 해석하고 적용한 것을 교정하십니다. 예수님은 모세의 율법과 전혀 다른 새 율법을 제정하신 분이 아니라, 구약의 율법을 새롭고 바르게 해석하신 분입니다.

지난 2천 년 교회사에서 구약을 폐기해야만 한다고 주장한 이단자들이 있습니다. 마르키온Marcion(85~160)이 구약의 하나님은 신약의 하나님과 다르다고 주장했습니다. 구약의 하나님은 폭력과 보복의 신이지만, 그리스도를 통해 계시된 신약의 하나님은 사랑과 정의의 하나님이라고 생각했습니다. 마르키온은 신약에서 구약을 언급한 부분을 삭제하고 새로운 신약을 썼습니다.

마르키온과 같은 구약 폐기론자들은 당연히 "구약을 폐기하러 온 것이 아니라 완성하러 왔다"는 예수님의 말씀을 노골적으로 왜곡했습니다. 마르키온의 추종자들은 마태복음 5:17을 이렇게 고쳤습니다. "내가 율법이나 선지자를 완전하게 하러 온 줄로 생각하지 말라. 완전하게 하러 온 것이 아니요, 폐하려 함이라."

구약을 함부로 깎아내린 이단자들과 달리 예수님은 우주가 존속하는 한 '율법'('선지서'를 빼고 '율법'만으로 구약 전체를 총칭)도 함께 존속한다고 말씀하시면서 지극히 사소한 율법 조항까지도 지켜야만 한다고 역설하십니다. 그러면서 제자들의 의가 서기관과 바리새인의 의보다 더 나아야만 한다고 강조하십니다.

예수님은 이처럼 율법 준수와 계명 순종의 중요성을 강조하실 뿐 아니라 그리스도인의 의가 자칭 타칭 의롭기로 소문난 서기관이나 바리새인의 의보다 더 나아야만 한다는 사실을 강조하시고자 여섯 가지 예를 듭니다. 예수님 시대에 율법을 철저히 지켜 의롭기로 정평이 난 서기관과 바리새인의 율법 해석과 율법 준수가 문자주의적이고 피상적이고 편협하다는 사실을 직시하시고, 훨씬 더 근본적이고 광대하게 해석하십니다. 서기관과 바리새인이 율법의 문자적 자구만을 겉으로 지킨 것으로 율법을 순종했다고 자부할 때 예수님은 마음의 동기, 즉 행위자의 인격성까지 확대해서 해석하십니다. 기존의 편협하고 피상적인 율법 해석을 넘어서 예수님 자신의 권위로 율법의 문자 배후에 숨은 근본정신으로까지 확대(넓히기) 및 심화(깊이 파기)를 시도하신 것이지요. 여섯 가지 예증은 동일한 공식으로 시작됩니다.

① 살인 (5:21-22)	십계명의 제6계 (계명)	…너희가 들었으나 나는 너희에게 이르노니… (You have heard that… But I say to you that…)
② 간음 (5:27-28)	십계명의 제7계 (계명)	…너희가 들었으나 나는 너희에게 이르노니… (You have heard that… But I say to you…)
③ 이혼 (마 5:31-32)	(허용)	또 일렀으되… 나는 너희에게 이르노니… (It was also said… But I say to you that…)
④ 맹세 (마 5:33-34)	(계명: 도덕명령)	…너희가 들었으나 나는 너희에게 이르노니… (You have heard that… But I say to you…)
⑤ 보복 금지 (마 5:38-39)	(허용)	…너희가 들었으나 나는 너희에게 이르노니… (You have heard that… But I say to you…)
⑥ 원수 사랑 (마 5:43-44)	(계명: 도덕명령)	…너희가 들었으나 나는 너희에게 이르노니… (You have heard that… But I say to you…)

살인 금지에 관한 새 해석

"옛 사람에게 말한 바… 너희가 들었으나" 혹은 '일렀으되'(31절)

라는 표현은 구약 그 자체를 말씀하시는 것이 아니라, 서기관들과 바리새인들이 구약 율법을 해석한 것을 제자들이 구전口傳으로 들었다는 사실을 의미합니다. 제자들이 구전으로 들어온 서기관과 바리새인의 율법 해석은 어떤 것일까요? 문자주의적이고 피상적이고 편협한 해석이란 무슨 뜻일까요? 서기관과 바리새인은 율법이 요구하는 계명을 멍에와 짐으로 간주해서 할 수 있으면 그 멍에를 쉽게 하고 짐을 덜어내려고 했습니다. 금지하는 것을 좀 더 완화하고, 허용하는 것의 범위를 더 넓히려고 했던 것이지요.

'살인'과 '간음' 계명의 경우, 그들은 행동의 결과에만 관심을 뒀습니다. 자기 손으로 사람을 죽이지 않았고, 자기 몸으로 간음을 저지르지 않았으면, 두 계명을 다 지킨 것으로 해석했습니다. 이와 달리 예수님은 살인과 간음의 직접 동기가 되는 '분노'와 '음욕'까지 확대해서 두 계명을 해석하십니다. 행위의 **결과**에만 집중하는 서기관과 바리새인의 좁은 해석을 행위자의 **동기**까지 확대해서 넓게 해석하신 것이지요. 살인이나 간음에서 외적인 행동만을 문제 삼을 수 없는 것은 이런 종류의 범죄가 언제나 범죄자의 인격이나 마음과 직결되기 때문입니다.

자기 손으로 피를 흘리게 한 적이 없고, 자기 몸으로 간음을 저지른 적이 없다는 사실 하나 때문에 두 계명을 지켰다고 자부하는 서기관과 바리새인의 의보다, 보이지 않는 마음의 동기까지 고발하는 예수님의 의가 훨씬 더 낫습니다.

예수님은 먼저 살인 금지 계명을 새롭게 해석하십니다. 성경은 사람을 죽이는 것이 하나님의 형상대로 지음받은 인간에게 가하는 파괴적 살상이기에 하나님의 주권에 도전하는 죄로 간주합니다.

> 다른 사람의 피를 흘리면 그 사람의 피도 흘릴 것이니 이는 하나님이 자기 형상대로 사람을 지으셨음이니라(창 9:6).

이런 이유로 십계명의 6계(출 20:13)가 살인을 금하는 것은 당연합니다. 그러나 정의로운 전쟁의 경우 적군을 살상할 수 있고, 때로 잔인무도한 흉악범을 사형시킬 수도 있으므로 "아무도 죽이지 말라"는 의미에서의 "살인하지 말라"(You shall not kill)는 말보다는 "정당한 이유 없이 이웃을 살상하지 말라"는 의미에서의 "살인죄를 범하지 말라"(Do not commit murder)로 표현하는 것이 더 적절합니다.

살인 금지 계명과 관련해서 서기관들과 바리새인들은 다른 사람을 죽이지 않았다는 행동의 결과에만 집중해서 피 흘리는 행위만 하지 않았으면, 6계를 준수했다고 자부했습니다. 예수님은 사람을 죽이지 않았다는 행동뿐만 아니라, 살인의 동기가 되는 분노까지 고려하십니다.

> 옛 사람에게 말한 바 살인하지 말라 누구든지 살인하면 심판을 받게 되리라 하였다는 것을 너희가 들었으나 나는 너희에게 이르노니 형제에게 노하는 자마다 심판을 받게 되고 형제를 대하여 라가라 하는 자는 공회에 잡혀가게 되고 미련한 놈이라 하는 자는 지옥 불에 들어가게 되리

라(마 5:21-22).

예수님은 마음속으로 누군가를 증오해서 살심을 품는 것조차도 살인에 해당한다고 보십니다. 예수님도 거룩한 분노를 품으신 적이 있기에 죄와 불의에 대한 거룩하고 정당한 분노는 허용될 수 있습니다. 그러기에 예수께서 언급하신 분노는 상대편에게 보복하고자 살의를 품는 분노입니다. 주먹으로 누군가를 쳐 죽여 살인죄를 범하는 사람만 법정에서 심판을 받는 것이 아니라, 마음으로 살기를 품고 분노하는 사람도 동일한 심판을 받습니다.

예수님은 살인으로 이어질 수 있는 근본 뿌리인 분노뿐만 아니라, 형제자매에게 말로 퍼붓는 욕설이나 비방까지도 금하십니다. 형제자매를 '라가'(raca)라고 부르는 사람은 유대의 최고 법정 기관 산헤드린에 불려갈 것이라 경고하십니다. '라가'(ῥακά, 흐라카)는 아람어로 머리가 '비었다'(empty)는 욕설입니다. 우리말로 '골빈 놈', '돌대가리', '멍청이'에 가까운 욕이지요. "머리가 모자란다"는 뜻의 지적인 모욕입니다.

형제자매를 '바보'*로 부르는 사람은 '지옥 불'에 빠진다고 했습니다. '바보'는 라가보다 더 가혹한 모욕으로서 종교적인 배교자나 심각한 악행을 저질러 공동체에서 축출된 범죄자를 일컫는 비방입니다. 이렇게 모진 말을 이웃에게 퍼붓는 사람은 훨씬 더 심각한 벌

---

* μωρέ(모레, fool), 얼간이를 뜻하는 영어 'moron'이 여기에서 나옴.

을 받는데, '지옥 불', 즉 '게헨나'(γέεννα, Gehenna)에 떨어집니다. 게헨나는 예루살렘 남쪽 힌놈 골짜기에서 유래한 이름으로써, 이방신 몰렉에게 아이들을 불에 태워 제물로 바친 곳입니다(왕하 23:10; 대하 28:3). 나중에 예루살렘의 쓰레기 처리장이 돼서 오물을 소각하기 위해 끊임없이 불길이 타오른 곳입니다. 게헨나는 마귀와 적敵그리스도인들을 위해 마련된 지옥의 상징입니다(마 25:41; 막 9:43, 45, 47-48; 계 20:9-10).

형제자매를 '라가'(얼간이)나 '바보'라고 모욕을 줬다고 해서 이런 가혹한 심판을 받는 것은 지나쳐 보입니다. 그러나 꼭 주먹으로 사람을 때려죽이는 것만이 살인이 아니라, 언어폭력을 가해 모욕을 주는 것도 '인격 살인'(character assassination)입니다. 예수님이 우리 시대에 이 말씀을 주셨더라면 인터넷에 마구 다는 악플도 언급하셨겠지요. 익명을 가장해 온라인에 함부로 쏟아내는 온갖 독설과 폭언도 살인죄에 해당한다고 말씀하셨을 것입니다.

예수님은 살인 금지 계명과 관련해서 서기관과 바리새인의 문자적 해석을 훨씬 더 엄격하게 해석하신 것을 알 수 있습니다. 욕설이나 비방은 직접 살인으로 이어지지 않는 경우가 대부분이겠지만, 극단적일 때 살인으로까지 확대될 소지는 다분합니다. 예수님은 남을 증오하고 멸시해서 내뱉는 사소한 욕설과 비방까지도 살인으로 이어질 수 있기에 이런 것조차 원천적으로 금하십니다. 그렇다면 우리도 모르게 입에서 자주 터져 나오는 욕설들, '뒈질 놈', '육시僇屍* 할 놈' 등등의 욕설이 예수님의 기준으로 볼 때 심각한 살인죄에 해당한다는 사실을 기억해야 합니다.

살인 금지에 관한 새 해석과 더불어 예수님은 이 해석 원리를 두 가지 실례를 들어 삶에 직접 적용하십니다. '성전에 제사 드리러 가는 경우'와 '고발하러 법정에 가는 경우'입니다.

> 그러므로 예물을 제단에 드리려다가 거기서 네 형제에게 원망들을 만한 일이 있는 것이 생각나거든 예물을 제단 앞에 두고 먼저 가서 형제와 화목하고 그 후에 와서 예물을 드리라(23-24절).

현대적으로 고쳐서 풀이한다면, 주일날 예배에 참석해서 헌금을 드리려고 하는데, 어떤 형제가 자신에게 원한을 품고 있다는 생각이 나거든 헌금드리는 것을 잠시 중단하고 먼저 그 형제와 화해한 뒤에 돌아와 헌금을 드리라는 뜻입니다. 형제자매와의 화해가 제단에 바치는 예물보다 더 중요하다는 것이지요.

> 너를 고발하는 자와 함께 길에 있을 때에 급히 사화私和하라 그 고발하는 자가 너를 재판관에게 내어 주고 재판관이 옥리에게 내어 주어 옥에 가둘까 염려하라 진실로 네게 이르노니 네가 한 푼이라도 남김이 없이 다 갚기 전에는 결코 거기서 나오지 못하리라(25-26절).

---

* 戮屍: 송장을 관에서 꺼내 또 한차례 참살하는 부관참시(剖棺斬屍), 추시형(追施刑: 추가로 가하는 형벌).

현대적으로 풀이한다면, 채권자가 채무자를 고소하러 법정에 함께 가는 장면을 연상할 수 있습니다. 법정에 도착하기 전 빨리 화해해서 재판받는 것을 막으라는 충고입니다. 예수님 시대에는 채무자가 빚을 다 갚기 전까지 옥에 갇혀야만 했습니다. "마지막 한 푼까지 다 갚기 전에는" 옥에서 나올 수 없었던 것이지요. 채무 관계가 이처럼 엄중했기에 빚을 진 사람은 자신의 전 재산을 처분하거나 심지어 일가족 전체가 빚쟁이의 노예가 되는 일도 허다했습니다. 예수님이 강조하시려는 요점은 법정에 가서 문제가 비화飛火 되기 전에 빨리 화해하라는 것입니다.

첫째 예가 교회 안에서 일어나는 내부 문제라고 한다면, 둘째 예는 교회 밖 세상 법정에서 일어나는 외부 문제입니다. 전자가 형제자매에 관한 예라고 한다면, 후자는 원수에 관한 예지만, 전달하려는 교훈의 요점은 동일합니다. 예배를 드리든, 법정에 가든 상대편의 분노가 격화되기 전에 서둘러 화해하라는 것입니다. 작은 불만, 작은 욕설, 작은 분노, 작은 시비 하나가 마음에 싹터서 나중에 살인으로까지 이어질 수 있기에 지극히 작은 불씨부터 미리 끄라는 충고지요. 살인 사건이 일어날 때도 처음부터 폭력을 쓰는 것은 아닙니다. 욕설과 비방, 증오심과 분노 등 사소한 앙금이 불씨가 돼 자기도 모르게 살인으로 번질 수 있기에 마음가짐과 언어에서부터 이런 불씨를 미리 꺼야 합니다.

간음 금지에 관한 새 해석

예수님은 십계명의 7계(출 20:14)인 간음 금지도 똑같은 논조로 말씀하십니다. 서기관이나 바리새인은 몸으로 간음을 저지르지 않았으면 7계를 지켰다고 자부했지만, 예수님은 간음의 원인이 되는 '음욕'(lust)까지 간음한 것으로 확대해서 해석하십니다.

> 또 간음하지 말라 하였다는 것을 너희가 들었으나 나는 너희에게 이르
> 노니 음욕을 품고 여자를 보는 자마다 마음에 이미 간음하였느니라
> (27-28절).

예수님은 하나님이 주신 자연스러운 성욕이나 부부간의 건전한 성행위를 죄악시하지 않습니다. 혼외정사와 같이 부당한 성행위를 경계하실 뿐입니다. 살인 금지가 분노와 모욕적인 언사까지 포함하듯이, 간음 금지 역시 음욕을 품는 마음 상태까지 포함합니다. 간음이 남녀 간의 부정한 성행위에 국한되는 것이 아니라, 간음의 씨앗이 되는 음욕을 품는 상태까지도 간음이 될 수 있다는 해석입니다. 마음과 말로 살인을 저지를 수 있듯이, 마음과 눈으로도 간음죄를 저지를 수 있다는 말이지요. 음심까지 간음죄가 될 수 있다고 7계를 확대해서 해석하신 예수님은 가혹한 요구를 하십니다.

> 만일 네 오른 눈이 너로 실족하게 하거든 빼어 내버리라 네 백체 중 하나

가 없어지고 온몸이 지옥에 던져지지 않는 것이 유익하며 또한 만일 네 오른손이 너로 실족하게 하거든 찍어 내버리라 네 백체 중 하나가 없어지고 온몸이 지옥에 던져지지 않는 것이 유익하니라(29-30절).

오른 눈이 음심을 품어 간음죄를 저지를 가능성이 있을 때 그 눈을 빼버리고, 오른손이 죄를 짓게 할 가능성이 있을 때 찍어내라는 명령입니다. 온몸이 성한 채 지옥에 던져지는 것보다 불구로 천국에 들어가는 것 편이 낫기 때문입니다. 이것을 문자 그대로 받아들인 나머지 스스로 거세한 사람도 있습니다. 이 말씀과 더불어 '천국을 위해 스스로 된 고자'(마 19:12)라는 말씀에 꽂혀서 고자가 된 알렉산드리아의 오리겐(Origen of Alexandria(195~254)입니다.

이 말씀이 '간음 금지'라는 맥락에서 나왔다면, 예수님의 요점은 죄지을 가능성이 있는 신체 기관은 어떤 것이든지 절단하라는 데 있지 않습니다. 눈을 빼고 손을 잘라낸 뒤에도 여전히 **음욕**은 사라지지 않기 때문입니다. 그러기에 신체를 불구로 만들라는 것이 아닌, 살인이냐 간음이냐를 불문하고 죄지을 가능성이 있을 때마다 그 가능성을 원천적으로 미리 차단하라는 것이 요점입니다. 성적인 범죄 상당수는 눈으로 보는 것에서 오기 때문에 시각적 절제가 필요합니다.

서기관과 바리새인의 의보다 나은 의

살인과 간음에 대한 예수님의 교훈은 확실히 서기관과 바리새인의 의를 능가합니다. 그들은 행동으로 옮기지만 않으면 두 계명을 다 지켰다고 자부했지만, 예수님은 살인과 간음의 동기이자 근원이 되는 분노와 욕설, 음욕, 음탕한 눈길과 손놀림까지 다 죄가 된다고 말씀하시니, 확실히 예수님의 의가 그들의 의를 능가합니다.

예수님의 말씀을 듣고 나면, 살인죄와 간음죄에서 자유로운 사람은 아무도 없게 됩니다. 그동안 행동으로 옮기지 않았기에 괜찮다고 자부하거나 타인에게 묘한 상대적 우월감을 느낀 교만이 무색해집니다. 다 한두 번 이상 마음에 증오심과 음욕을 품은 적이 있기에 우리는 다 잠재적 살인자요, 잠재적 간음자임이 판명됐기 때문이지요. 그러므로 우리는 사람을 여럿 죽인 사형수나 간음을 저지른 부도덕한 사람들보다 더 나을 게 없습니다.

우리는 세상의 살인자나 간음자보다 더 나은 삶을 살았다고 자부한 것이 얼마나 큰 착각인가를 알게 됐습니다. 그동안 예수님의 도덕적 기준이 얼마나 높고 깊은가를 몰랐기 때문이지요! 그러기에 우리는 예수님 앞에서 우리 자신의 무기력과 연약함을 놓고 탄식할 수밖에 없습니다.

살인죄나 간음죄만 하더라도 우리는 자랑할 것이 없는 죄인에 불과합니다. 자랑할 수 있는 '자기 의'가 하나도 없다는 것을 자인하게 됩니다. 그러기에 우리는 날마다 주님의 십자가 앞에 무릎을 꿇을 수밖에 없습니다. 자신의 윤리적 의나 공로 때문에 의롭게 되거나 구원을 받을 수 없기에 예수님을 믿어야 하고, 하나님 은혜의 선물로 주어지는 의와 구원이 필요합니다. 서기관과 바리새인은 행동으로 살인죄와 간음죄를 저지르지 않은 사실 하나로 자기 의를 자랑했지만, 그리스도인은 자신의 죄성과 연약성을 절감하고 자기 의가 아닌 예수 그리스도를 믿음으로써 얻는 하나님의 의를 붙들기에 그들보다 더 나은 의를 지향합니다.

6. 더 나은 의 (2)

〈마 5:38-48〉

동해보복同害報復의 원리를 넘어서

예수님은 제자들의 의가 자칭 타칭 의롭기로 소문난 서기관과 바리새인의 의보다 더 나아야 한다고 말씀하셨습니다. 이것을 강조하고자 여섯 가지 예를 드셨는데, 그 정점에 다섯째와 여섯째 예가 있습니다. "악한 자를 대적하지 말라"(38-42절)는 부정형 교훈과 "원수를 사랑하라"(43-48절)는 긍정형 교훈입니다.

예수님은 서기관들과 바리새인들이 이와 관련된 율법들을 문자주의적이고 피상적으로 해석하고 적용한 것을 뛰어넘어 훨씬 더 심오하고 광대한 지평을 열어주십니다. 우리를 괴롭히는 '악한 자에게 맞서지 않고 원수를 사랑하는 것'은 일반인이 할 수 없는 영역이기에 이 두 경우야말로 '기독교성'(Christianness)이 가장 선명하게 드러나는 지점입니다. 비보복과 원수 사랑에서 그리스도인이 세상 사람들은 물론이고, 서기관과 바리새인과 같은 종교 도덕적으로 탁월한 사람들과도 구별된다는 사실이 입증되기에, 비보복과 원수 사랑은 산상수훈의 절정입니다.

예수님은 먼저 비보복, 무대항의 원리를 가르치십니다.

> 또 눈은 눈으로, 이는 이로 갚으라 하였다는 것을 너희가 들었으나 나는 너희에게 이르노니 악한 자를 대적하지 말라(5:38-39a).

'눈에는 눈'(an eye for an eye), '이에는 이'(a tooth for a tooth)는 인명에 상해를 끼치거나 재물에 손실을 끼칠 때 꼭 그만큼만 되갚으라는 구약의 율법입니다. '동해보복법'(lex talionis, the laws of equals)이지요.

출 21:22-25	사람이 서로 싸우다가 임신한 여인을 쳐서 낙태하게 하였으나 다른 해가 없으면 그 남편의 청구대로 반드시 벌금을 내되 재판장의 판결을 따라 낼 것이니라 그러나 다른 해가 있으면 갚되 생명은 생명으로, 눈은 눈으로, 이는 이로, 손은 손으로, 발은 발로, 덴 것은 덴 것으로, 상하게 한 것은 상함으로, 때린 것은 때림으로 갚을지니라.
레 24:19-20	사람이 만일 그의 이웃에게 상해를 입혔으면 그가 행한 대로 그에게 행할 것이니 상처에는 상처로, 눈에는 눈으로, 이에는 이로 갚을지라 남에게 상해를 입힌 그대로 그에게 그렇게 할 것이며.
신 19:21	네 눈이 긍휼히 여기지 말라 생명에는 생명으로, 눈에는 눈으로, 이에는 이로, 손에는 손으로, 발에는 발로이니라.

동해보복법(Talio의 법칙)은 사회 정의를 실현하기 위한 것이고, 무엇보다도 과도한 보복을 막기 위한 법입니다. 상대방이 내 오른쪽 눈을 가격했는데, 나는 상대방의 두 눈을 다 가격하는 복수를 금하는 법입니다. 사회 정의를 실현하기 위한 합리적이고 공정한 법이지요. 그런데 예수님은 이런 동해보복의 원리를 뛰어넘어 아예 '악한 자'를 대적하지 말라고 하십니다.

예수님은 여기에서 악 그 자체로서의 '추상적 의미의 악'이나 공중에 권세 잡은 '악한 영적 실체' 따위가 아닌, 실제로 악행을 저지르는 '악한 자'(an evildoer, evil person)에게 맞서지 말라고 말씀하십니다. '악한 자'라는 표현은 그가 충분히 악하다는 사실을 인정합니다. 악인들은 거리만 활보하는 것이 아니라, 집안에도 있습니다. 아버지나 어머니가 악인이 될 수도 있고, 남편이나 아내, 자식, 형제자매, 며느리, 사위, 가까운 친구도 악인이 될 수 있습니다. 예수님의 제자들은 예수 따르미가 됐다는 사실 하나로 집안과 집 바깥 일상생활에서 악인들을 수시로 맞닥뜨리며 살았습니다.

보복 금지에 관한 교훈

악인들이 악행을 일삼을 때 어떻게 대항하지 않을 수 있을까요? 예수님은 악행을 그냥 묵인하라고 하시지 않습니다. "그들이 악하지 않다"라며 애써 현실을 외면하고 도피하라고도 하시지 않습니다. 동일한 악으로 보복하는 것을 금하시는 것뿐입니다.

예수님은 네 개의 짧은 실례를 통해서 보복 금지의 원리를 강조하십니다. 첫째 예는 악인이 우리에게 폭행을 가하는 예입니다. 오른뺨을 때리는 악인이 있습니다. Talio의 법칙에 따르면, 정확하게 상대편의 오른뺨을 똑같은 정도의 세기로 때려줘야 합니다. 그런데 예수님은 왼뺨마저 돌려대라고 말씀하십니다(39b절). 오른손잡이가 오른뺨을 때릴 때 손등으로 쳐야 하기에 인격과 체면이 걸린 오른뺨을, 그것도 손등으로 얻어맞는 것은 이중의 모욕을 당하는 것입니다. 그런데도 예수님은 대항하지 말고 다른 뺨까지 얻어맞을 각오를 하라고 가르치십니다.

둘째 예는 법정에서 고소당하는 경우입니다. 이 예의 배경은 출애굽기 22:26-27입니다.

> 네가 만일 이웃의 옷을 전당 잡거든 해가 지기 전에 그에게 돌려보내라 그것이 유일한 옷이라 그것이 그의 알몸을 가릴 옷인즉 그가 무엇을 입고 자겠느냐 그가 내게 부르짖으면 내가 들으리니 나는 자비로운 자임이니.

일종의 '옷 저당법'인데, 정당하다고 해도 법정에서 겉옷은 취하지 말라는 것입니다. 구약 시대의 겉옷은 제작하는 데 시간이 오래 걸리고, 값도 비쌌기에 일반인은 대개 한 벌만 가졌습니다. 겉옷은 다목적으로 사용됐습니다. 물건을 담아 나르는 자루로 썼고, 낮에는 더위를 가릴 목적으로 입었으며, 밤에는 이불 대용으로 덮었습니다. 이스라엘처럼 일교차가 큰 나라에서 겉옷은 낮이나 밤이나다 중요한 필수품이었기에 설령 속옷을 내줄 수 있지만, 겉옷은 내주거나 뺏지 말라는 것이 율법 정신입니다. 그런데도 예수님은 법정에서 속옷을 빼앗길 일이 있으면, 겉옷까지 줄 각오를 하라고 가르치십니다(40절).

셋째 경우는 '강제 징집'이나 '강제 차출'에 관한 실례입니다. 예수님 시대는 로마의 식민 통치를 받고 있었기에 노상에서 군수 화물을 이동할 때가 빈번했습니다. 이때 유대인 장정은 누구든지 일정 거리까지 강압적으로 부역(負役)을 해야만 했습니다. 예수께서 십자가를 지고 골고다 언덕으로 올라가셨을 때, 구레네 사람 시몬이구경 나왔다가 강제로 십자가를 대신 졌습니다(마 27:32; 막 15:21). 이렇게 강제 차출돼 오리를 가야 할 때는 십 리를 함께 가주라는것입니다. 이것은 '꼭 두 배만 더하라'고 하는 말이 아니라, 불평하거나 억울해하지 말고 기꺼이 손해 볼 각오를 하라는 데 강조점이있습니다.

넷째는 우리에게 돈을 빌려달라고 요구하는 경우입니다. 달라는 사람에게 주고, 꾸려고 하는 사람을 물리치지 말라는 것이지요(42절). 일종의 착취(exploitation)를 당하는 경우가 있더라도 끝까지참으며 다른 착취까지도 마다하지 말라는 교훈입니다.

이렇게 악인이 부당하고 무리한 악행을 가할 때 맞대응을 하지말라는 것은 참으로 실천하기 어렵습니다. 그런데도 예수님은 네사례에 똑같은 방법으로 '보복하지 말 것'을 명령하십니다.

악인을 이기는 제3의 길

악인이 손등으로 내 오른뺨을 칠 때, 두 가지로 반응할 수 있습니다. 나도 똑같이 손등으로 상대편의 오른뺨을 때리는 방법과 그냥 얻어맞고 끝내는 것으로 모욕감을 참아내는 방법입니다. 두 방법 어느 것도 진정한 화해와 평화를 이루기 어렵습니다. 상대편의 오른뺨을 맞받아치면 끝없는 보복의 악순환이 계속돼 사태는 걷잡을 수 없이 악화되고 말 것입니다. 악이 왜 악이겠습니까? 계속 또다른 보복을 재촉해서 악이 끝없이 양산되고 악화돼 마침내 가해자나 피해자를 다 망하게 하므로 악이 아닙니까? 그렇다고 해서 얻어맞기만 하고 무기력하게 체념한다면 보복하는 것보다는 나은 방법이겠지만, 때린 사람이나 얻어맞는 사람을 불문하고 눈에 띄는 변화는 일어나지 않습니다.

예수님은 제3의 대안을 제시하십니다. 똑같이 맞받아치는 것도 아니고, 그냥 얻어맞고 참는 것으로 그치지도 않고, 기꺼이 다른 쪽 뺨까지 내주며 보복하지 않겠다는 정신과 자세를 온몸으로 보이는 방법입니다. 이렇게 할 때 악인을 주춤거리게 할 수 있고, 궁극적으로 악과 보복의 악순환을 막을 수 있습니다.

악인의 악행이 기대하는 것은 똑같은 악의 보복입니다. 불에다 기름을 끼얹었듯이 더더욱 강력한 보복과 재보복의 악순환을 기대하고 재촉합니다. 그런데 피해자가 가해자에게 보복할 생각을 포기할 뿐 아니라 가해자의 폭력에 비폭력, 비보복 정신과 태도를 보일 때

가해자는 휘청거리기 시작합니다. 다시 말해 악행은 해를 끼치려는 원수가 있을 때 맹위를 떨칠 텐데, 당하는 쪽에서 고난을 참으며 보복하지 않으려고 한다면 악인은 방향을 잃고 당황하게 됩니다. 악인은 계속 맞서 싸우려고 하는 자신의 상대를 잃고 균형을 잃게 됩니다.

물론 이것은 끝까지 똑같은 방법으로 보복하지 않으려고 할 때만 가능합니다. 악인이 가하는 악행에 끝까지 동일한 방법으로 보복하지 않으려는 용서와 사랑과 자비의 정신과 태도를 견지할 때, 악행은 끝없이 더 큰 악을 만들어 나가려는 자신의 목적을 상실하고 제풀에 지칩니다. 악인이 퍼붓는 온갖 부당한 악행에 보복하지 않고 기꺼이 참아냄으로써 보복의 악순환을 차단하고, 궁극적으로 선으로 악을 이겨내라는 것이 예수님의 요점입니다. 이런 비보복 정신과 무대항 태도는 예수님의 십자가에서 드러났습니다.

> 나를 때리는 자들에게 내 등을 맡기며 나의 수염을 뽑는 자들에게 나의 뺨을 맡기며 모욕과 침 뱉음을 당하여도 내 얼굴을 가리지 아니하였느니라(사 50:6).

원수들은 예수님의 얼굴에 침을 뱉었고, 눈을 가렸고, 얼굴을 세차게 때렸습니다. 머리에 가시관을 씌웠고, 마음껏 조롱할 의도로 왕이 입는 자색옷을 입혔고, 인간이 할 수 있는 온갖 종류의 수치와 폭언과 폭력을 가했습니다. 예수님은 얼마든지 정당한 방법으로 맞대응하실 수 있었지만, 일체의 폭력적 보복을 포기하셨습니다. 악을 동일한 악으로 갚지 않으셨습니다. 단지 보복을 포기하는 정도가 아니라, 원수들을 적극적으로 용서하기까지 하셨습니다. 선으로 악을 이기신 것이지요. 그러므로 예수님의 십자가야말로 비보복 원수 사랑의 극치요 절정입니다. 제자들은 스승의 이런 성품과 자세를 본받아야 합니다.

> 이를 위하여 너희가 부르심을 받았으니 그리스도도 너희를 위하여 고난을 받으사 너희에게 본을 끼쳐 그 자취를 따라오게 하려 하셨느니라 그는 죄를 범하지 아니하시고 그 입에 거짓도 없으시며 욕을 당하시되 맞대어 욕하지 아니하시고 고난을 당하시되 위협하지 아니하시고 오직 공의로 심판하시는 이에게 부탁하시며(벧전 2:21-23).

예수께서 일체의 보복을 포기하라고 가르치신 것은 아예 정의 구현을 포기하라는 것이 아닙니다. 설령 합법적이고 정당한 보복이라고 할지라도 보복은 끝없는 보복을 불러올 뿐 악행 그 자체를 멈출 수 없습니다. 정의만으로 되지 않습니다. 오직 사랑과 용서에 바탕을 둔 정의만이 진정한 화해와 평화를 불러옵니다.

악인에게 맞서지 말라는 교훈을 **극단적으로** 해석한 나머지 무력을 사용하는 군대나 경찰, 국가 조직까지 없애야 한다는 것은 잘못입니다. 선량한 시민의 생존권을 위협하고 재산에 손실을 끼치는 악인들이 활개를 치도록 방조한다면 사회는 무질서한 무정부 상태로 내몰릴 것입니다.

이런 이유로 '개인적 차원'과 '사회적 차원'을 구별하는 지혜가 필요합니다. 개인적 차원에서는 예수님이 보여주신 대로 폭력에 폭력으로 대응해서 안 되겠지만, 사회 정의를 실현하고 평화롭고 안정된 질서를 구현하기 위해서는 악을 제압하는 공권력이 불가피합니다. 이런 맥락에서 바울은 선량한 시민에게 상을 주고 악인들을 징벌하기 위해 하나님께서 공권력을 쥔 권세자를 '하나님의 대리자'로 세우셨다고 주장합니다(롬 13장).

히틀러는 "독일에 폭탄 하나가 떨어지면, 우리는 영국에 100개를 던지겠다"라고 공언했습니다. 그러나 예수님은 악인의 악행에 맞서는 제3의 대응법을 제시함으로써 어떻게 악인이 목표물을 잃고 스스로 무너질 수 있는가를 가르쳐주십니다. 예수님의 십자가야말로 '악에게 지지 않고 선으로 악을 이기는 방법'(롬 12:21)을 입증한 역사적 사례입니다. 십자가의 용서와 사랑이야말로 악인을 선인으로, 원수를 친구로 만들 수 있는 최선의 길입니다.

원수 사랑에 관한 교훈

예수님은 "악인에게 맞서지 말라"는 소극적 가르침에서 "원수를 사랑하고 박해하는 자를 위해서 기도하라"는 적극적 가르침으로 한 걸음 더 나아가십니다.

또 네 이웃을 사랑하고 네 원수를 미워하라 하였다는 것을 너희가 들었
으나(43절).

구약이 꼭 이웃만 사랑하고 원수는 미워해도 좋다고 가르친 것
은 아닙니다. 원수 사랑을 강조한 구절도 많습니다.

레 19:17-18	너는 네 형제를 마음으로 미워하지 말며 네 이웃을 반드시 견책하라 그러면 네가 그에 대하여 죄를 담당하지 아니하리라 원수를 갚지 말며 동포를 원망하지 말며 네 이웃 사랑하기를 네 자신과 같이 사랑하라 나는 여호와이니라.
출 23:4-5	네가 만일 네 원수의 길 잃은 소나 나귀를 보거든 반드시 그 사람에게로 돌릴지며 네가 만일 너를 미워하는 자의 나귀가 짐을 싣고 엎드러짐을 보거든 그것을 버려두지 말고 그것을 도와 그 짐을 부릴지니라.
잠 25:21	네 원수가 배고파하거든 음식을 먹이고 목말라하거든 물을 마시게 하라.

구약 곳곳에 원수 사랑에 관한 말씀이 있는데도, 서기관들과 바
리새인들은 인종과 종교가 같은 사람만 사랑하고, 원수는 미워해도
좋다고 왜곡해서 가르쳤습니다. '이웃'의 범주에 '원수'는 제외됐기
때문이지요. '이웃'에는 인종과 종교가 같은 혈육과 친구만 있는 것
이 아니고, 이방인과 원수까지 포함됨에도 그 이웃의 범주에서 '원
수'를 배제했던 것입니다.

예수님은 이런 왜곡과 편견을 넘어서 "원수를 사랑하고 박해하

는 자를 위해 기도하라"고 가르치십니다(44절). 원수 사랑이 생각과 말과 기도와 행동으로 표현돼야 한다는 것이지요. 산상수훈에서 모든 것을 요약하는 최고의 가치인 '사랑'이 처음 등장하는데, 하필이면 가장 사랑하기 어려운 원수와 관련해서 나옵니다. 예수님뿐만 아니라 제자들조차도 동족과 이방인들로부터 증오와 박해를 받으며 하루하루를 살았기 때문에 원수 사랑은 그리스도인의 일상생활이 될 수밖에 없었기 때문입니다.

세상에 나를 괴롭히는 원수보다 사랑이 더 필요한 사람은 없습니다. 사랑이라곤 눈곱만치도 없고 오로지 나를 파괴하려는 증오심으로 가득 찬 원수보다 더 사랑이 갈급한 사람은 없습니다. 원수의 증오심이 격렬할수록 사랑도 비례해서 격렬해져야 합니다. 원수보다 선과 용서와 사랑과 치유와 축복과 평화와 구원이 더 절실한 사람은 없기에 악으로 되갚는 것으로 그칠 것이 아니라, 그 원수를 사랑하고 기도해줘야 합니다. 악인과 원수의 마음에는 증오심과 복수심만 가득 차 있어서 스스로 기도할 수 없기에, 그를 대리해서 중보기도를 올려야 합니다.

'원수 사랑'과 '박해자를 위한 기도'가 산상수훈의 절정이라는 사실은 이 교훈이 가장 실천하기 어려울 뿐 아니라, 이 말씀의 실천 여부에 따라서 세상 사람들과 구별되는 예수 따르미의 진가가 드러나기 때문입니다. 세상 사람들은 원수를 사랑하기 어렵고, 박해자가 잘되기를 위해 기도하기 어렵지만, 제자들은 그렇게 해야만 합니다.

하나님 아버지의 자녀가 되는 길

왜 원수를 사랑하고, 왜 박해자를 위해서 기도해야 할까요?

> 이같이 한즉 하늘에 계신 너희 아버지의 아들이 되리니(45a절).
>
> 그래야만 너희가 하늘에 계신 너희 아버지의 자녀가 될 것이다(새번역).

부전자전父傳子傳이라는 말도 있듯이, 아들과 아버지는 필연적으로 같은 DNA를 공유해서 '가족 유사성'을 가질 수밖에 없습니다. 우리가 원수를 사랑하고, 박해자를 위해서 기도할 때 하늘에 계신 하나님 아버지의 자녀가 될 수 있는데, 그것은 하나님의 성품이 원수도 박해자도 다 품고 사랑하시기 때문입니다.

> 이는 하나님이 그 해를 악인과 선인에게 비추시며 비를 의로운 자와 불의한 자에게 내려주심이라(45b절).

우리 같으면 햇빛을 선인들에게만 비추고 악인들에게는 주고 싶지 않습니다. 그러나 하나님은 선인이나 악인을 불문하고 똑같이 해를 떠오르게 하십니다. 우리 같으면 의인들에게만 단비를 내리고, 불의한 자들에게는 주고 싶지 않습니다. 그러나 하나님은 의인이나 불의한 자를 막론하고 똑같이 단비를 내려주십니다. 하나님의 성품이 이러하기에 하나님의 자녀인 우리도 하나님의 성품을 본받아야만 합니다. 원수 사랑과 박해자를 위한 기도가 실용적으로 효과가 있기 때문이 아니라, 하나님의 성품이 그러하시기에 하나님의 자녀인 우리도 마땅히 그리해야만 합니다. 다시 말해 하나님의 자녀들은 세상 사람들처럼이 아니라, "하나님처럼 사랑해야만 한다"는 것이지요. 예수님은 제자들의 이웃사랑이 '세리'와 '이방인'보다 더 나아야만 한다고 말씀하십니다.

> 너희가 너희를 사랑하는 자를 사랑하면 무슨 상이 있으리요 세리도 이 같이 아니하느냐 또 너희가 너희 형제에게만 문안하면 남보다 더하는 것이 무엇이냐 이방인들도 이같이 아니하느냐(46-47절).

'세리'는 '창기'와 더불어 이스라엘 사람들이 증오하는 공적입니다. 예수님 시대의 조세 제도는 먹이사슬과 같은 하청 도급업 구조로 돼 있어서 유대인 세리는 '면허증 가진 강도'요, '허가 낸 도둑'이라는 소리를 들었습니다. 무엇보다도 이스라엘을 정복한 로마인들의 앞잡이가 돼서 동족을 갈취하는 매국노의 대명사가 됐습니다. 이렇게 심한 욕을 얻어먹던 세리도 자기를 사랑하는 사람을 사랑합니다. 유대인들이 개라고 부르면서 멸시한 이방인들도 자기들끼리 문안 인사를 나눕니다. 인지상정이지요.

예수님은 제자가 죄인의 대명사인 '세리'나 '이방인', 즉 '세상 사람'보다 더 나은 것이 뭐냐고 물으십니다. 그리스도인의 의가 서기관이나 바리새인의 의보다 더 나아야만 한다면, 세리는 물론이고 이방인보다 훨씬 더 나아야 합니다. 무엇보다도 세리와 이방인의 사랑을 훨씬 더 능가해야 합니다. 자기를 사랑하는 사람을 사랑하고, 친한 사람들끼리 안부 인사를 주고받는 것은, 지극히 자연스러운 것으로 그리스도인이나 이방인에게나 '동일'(τὸ αὐτὸ, 토 아우토, one and the same)합니다. 이런 사랑 방법에는 그리스도인과 비그리스도인의 차이가 없습니다. 그리스도인은 서기관이나 바리새인의 의보다 더 나은 의를 실천해야 하고, 세리와 이방인의 사랑법을 '능가해야'(περισσὸν, 페리쏜, excess) 합니다. 그 '더 나은 사랑'은 가장 사랑하기 어려운 원수 사랑에서 입증됩니다.

악인의 악행에 동일한 방법으로 보복하지 않고, 가장 사랑하기 어려운 원수를 사랑하고 박해자를 위해서 기도해주신 분은 예수님입니다. 원수 사랑의 극치는 예수님의 십자가에서 일어났습니다. 악인의 악행에 맞대응하지 않고 원수를 용서하고 사랑하신 예수님이 우리 안에 계실 때, 그 예수님 때문에 우리도 더 나은 의, 더 나은 사랑을 실천할 수 있습니다. 서기관과 바리새인의 의를 능가하고, 세리와 이방인의 사랑법을 능가하는 것은 우리의 자연적인 의지와 힘으로 되지 않고 예수님이 우리 안에 들어와 대신해주셔야 합니다. 예수의 영, 성령으로 충만해야 합니다. 예수께서 십자가와 부활을 통해서 '더 나은 의'(better righteousness)를 몸소 보여주셨기에 우리 역시 그 예수님을 따라 살아야 마땅합니다. '보복 금지'와 '원수 사랑'과 '박해자를 위한 기도'를 당부하시면서 예수님이 주신 결론은 48절입니다.

그러므로 하늘에 계신 너희 아버지의 온전하심과 같이 너희도 온전하라.

예수님의 제자는 하나님의 완전하심을 본받는 삶을 살아야 합니다. 악인의 악행에 맞서지 않고 보복하지 않음으로써 선으로 악을 이기고, 원수를 사랑하고 박해자를 위해 기도하는 삶은 모두 다 하나님의 온전하심을 본받는 일련의 과정입니다. 이 과정은 우리의 의지와 힘으로 되지 않고, 이 모든 과정에서 승리하심으로써 몸소 하나님의 온전하심을 살아내신 예수님을 믿어야 하고, 예수님의 영으로 충만해야 하고, 우리 안에 있는 예수님을 의지해서 예수님을 적극적으로 닮아나갈 때 이뤄집니다.

7. 구제, 금식, 기도

〈마 6:1-8, 16-18〉

누구의 인정을?

제자는 '드러날 때'와 '숨을 때'를 잘 분별해야 합니다. 빛이 숨길 수 없듯이 그리스도인 역시 '하나님의 의'를 위한 일일 때에는 숨지 말아야 합니다. 십자가의 수난과 죽음이 기다린다고 할지라도 도망치지 말아야 합니다. 하지만 '자기 의'가 드러날 때는 잽싸게 숨어야 합니다.

예수님은 앞에서 "악인에게 대항하지 말라"며 비폭력, 비보복 정신을 가르치셨습니다. 동시에 "원수를 사랑하고 박해자를 위해서 기도하라"고 가르치셨습니다. 그리스도인은 세상 사람들과는 달리 '비범해야만'(extraordinary) 한다는 사실을 강조하신 것이지요. 세리와 이방인은 물론이고 서기관과 바리새인의 의보다 '훨씬 더 나은 의'를 추구해야 한다는 것이지요.

그리스도인의 이런 '비범함'은 하늘에 계신 하나님의 완전하심을 닮아나가는 삶을 살아야만 한다는 명령에서 절정을 이룹니다(마 5:48). 그러나 하나님의 온전하심을 닮아나가려고 하다 보면 자기기만의 함정에 빠질 수 있습니다. '하나님의 의'를 구하는 척하지만, 실제로는 '자기 의'를 더 구합니다. 하나님의 인정과 칭찬과 보상보다 세상 사람들의 인정과 칭찬과 보상에 더 신경을 씁니다. 바싹 숨어야 함에도 주목받는 스타가 되려고 합니다.

이런 위험성이 극명하게 드러날 수 있는 영역이 경건 생활입니다. 경건 생활은 궁극적으로 하나님께서 인정하시고 칭찬하시고 상을 주셔야 할 영역임에도 얼마든지 사람들의 영광을 더 구하는 쇼맨십으로 전락할 수 있습니다.

예수님은 유대인의 3대 경건 생활을 실례로 드십니다. '구제'와 '기도'와 '금식'이지요. 유대인들은 하나님을 경외하는 방법으로 이 세 경건 수단을 매우 중요하게 여겼습니다. 문제는 이런 경건 생활이 하나님의 영광을 구하는 수단이 돼야 함에도 자기 영광을 구하는 상업적 수단으로 전락하는 현실에 있습니다.

독일 철학자 프리드리히 헤겔G. W. Friedrich Hegel(1770~1831)은 '인정 투쟁'(Kampf um Anerkennung, struggle for recognition)이라는 말을 썼습니다. 인간은 기본적으로 자기와 타인과 하나님으로부터 인정받고자 투쟁하는 존재라는 것이지요. 예수께서 실례로 드신 세 경건 행위는 인간이 기본적으로 인정받고자 하는 세 관계 차원을 보여줍니다. '구제'는 내가 남에 베푸는 자선 행위이기에 타인에게 인정받으려는 영역이고, '기도'는 내가 하나님께 드리는 것이기에 하나님께 인정받으려는 영역입니다. '금식'은 내가 나에게 가하는 행위이기에 자신에게 인정받으려는 영역입니다.

구제와 기도와 금식이 하나님과 관계된 경건 수단이라고 한다면, 세 가지 모두 하나님께서 인정해주시는 것을 최종 목표로 삼아야 합니다. 그러나 세 행위는 하나님께서 인정해주시고 칭찬해주시고 상주시는 거룩한 신적 영역이 돼야 함에도, 까딱 잘못하면 초점이 분산돼 나 자신의 자아도취나 세상 사람들의 이목을 즐기는 쪽으로 오도될 위험성이 도사립니다. 이런 이유로 예수님은 구제와 기도와 금식이 온전히 하나님이 인정하시고 보상하시는 참된 경건 행위가 되게 하기 위한 대전제를 먼저 말씀하십니다.

사람에게 보이려고 그들 앞에서 너희 의를 행하지 않도록 주의하라 그리하지 아니하면 하늘에 계신 너희 아버지께 상을 받지 못하느니라(마 6:1).

어쩌면 이 대전제에 예수께서 앞으로 구제와 기도와 금식에 대해서 경계하실 모든 요점이 숨어 있다고 할 수 있습니다. 여기에서의 '의'는 사회 정의와 같은 수평적 차원의 '도덕적 의'(justice)라고 하기보다는, 하나님과 우리와의 수직적 관계에서의 '종교적 의'(righteousness)라고 할 수 있습니다.

구제와 기도와 금식은 모두 '하나님의 의'를 겨냥한 '신앙적 의'임에도, 초점이 잘못돼 사람에게 보이려고 할 때마다 '인간의 의'로 변질할 수 있습니다. 사람들의 박수갈채를 받으려고 무대 위에서 멋진 퍼포먼스를 하는 공연으로 변질할 수 있습니다. 금식과 기도와 구제는 궁극적으로 하나님께서 인정해주셔야 함에도, 사람들의 칭찬을 받으려는 그릇된 동기로 하게 될 때 사람들로부터 상을 다 받은 채, 정작 가장 중요한 하늘의 상을 못 받을 수 있습니다.

구제에 관한 교훈

'구제'는 신구약 모두가 강조하는 경건 생활의 핵심입니다.

신 15:11	땅에는 언제든지 가난한 자가 그치지 아니하겠으므로 내가 네게 명령하여 이르노니 너는 반드시 네 땅 안에 네 형제 중 곤란한 자와 궁핍한 자에게 네 손을 펼지니라.
약 1:27	하나님 아버지 앞에서 정결하고 더러움이 없는 경건은 곧 고아와 과부를 그 환난중에 돌보고 또 자기를 지켜 세속에 물들지 아니하는 그것이니라.

구제가 경건 생활의 중요한 부분이지만, 아무나 할 수 있는 것은 아닙니다. 고생해서 모은 재산을 구제와 자선을 위해 쾌척하는 분들은 참 존경스럽습니다. 문제는 구제가 '하나님의 의'를 향한 '신앙 행위'임에도 사람들의 칭찬을 구하는 '과시 행위'로 변질할 수 있다는 사실입니다.

구제할 때 세 가능성이 있습니다. 구제 행위를 적극적으로 홍보해서 사람들의 칭찬을 구하든지, 아니면 선행을 비밀에 부친 채 스스로 뿌듯함을 느끼며 자축하는 방법이 있습니다. 셋째 가능성은 하나님이 알아주실 것을 기대하고 구제를 깨끗이 잊어버리는 것입니다. 둘째가 첫째보다 훨씬 더 나은 선택이고 자선가 대부분도 그런대로 이 단계까지는 도달할 수 있지만, 예수님은 그마저도 넘어설 것을 요구하십니다. 자신의 선행까지도 깨끗이 잊으라는 것이지요. 신기하게도 구제와 기도와 금식은 모두 다 나를 잊을 때 하나님께서 나를 기억해주시는 행위입니다. 내가 한 일을 사람들과 심지어 나 자신에게 숨긴다고 할지라도, 하나님께마저 숨길 수는 없습니다.

> 그러므로 구제할 때에 외식하는 자가 사람에게서 영광을 받으려고 회당과 거리에서 하는 것 같이 너희 앞에 나팔을 불지 말라 진실로 너희에게 이르노니 그들은 자기 상을 이미 받았느니라(2절).

'외식하는 자'(the hypocrites)는 헬라어로 ὑποκριταί(휘포크리타이)인데 무대에서 연기하는 '배우'나 '웅변가'를 의미합니다. 얼굴에 가면을 쓴 '배우'는 본래의 자신과 연기하는 역할이 서로 다르기에 비유적으로 '이중인격자'를 의미하게 됐던 것이지요. 연기자가 관객의 박수갈채를 고대하듯이, 구제 행위를 극장에서 연기하듯이 하는 사람은 관객의 반응에 기대를 걸기에 벌써 그 동기와 목적부터 크게 빗나갈 수밖에 없습니다.

어려운 사람을 진정으로 돕고, 이 자선 행위를 하나님께서 알아주시기를 바라며 자신의 선행을 잊어야 하는데, 그렇게 하기는 정말 쉽지 않습니다. 거지가 먹을 것을 찾아 헤매듯이 칭찬에 굶주린 나머지 사람들이 많이 모인 '회당'과 '거리'로 나가서 보란 듯이 요란스럽게 선전할 수 있습니다.

여기에서 '나팔'(trumpet)은 비유적 표현으로서 자화자찬自畵自讚한다는 의미입니다. 한 손에는 구제할 돈을 쥐고, 다른 손에는 이것을 만천하에 알릴 목적으로 팡파르를 불어 재낄 트럼펫을 손에 든 우스꽝스러운 모습입니다. 이렇게 두 마음을 품은 사람의 구제는 영락없이 청중들의 박수갈채를 받고자 무대에서 연기하는 배우의 모습 그대로입니다. 예수님은 사람에게 보이기 위한 구제는 이미 받고 싶은 상을 다 받아서 천국에서 더 좋은 상을 받을 기회를 놓쳤다고 말씀하십니다. 구제가 이처럼 사람들의 칭찬을 받기 위한 쇼로 전락할 수 있기에 예수님은 구제한 것 자체를 철저히 숨기라고 명령하십니다.

> 너는 구제할 때에 오른손이 하는 것을 왼손이 모르게 하여 네 구제함을 은밀하게 하라 은밀한 중에 보시는 너의 아버지께서 갚으시리라(3-4절).

"오른손이 하는 것을 왼손이 모르게 하라"는 비유는 다른 사람들뿐만 아니라, 자신도 모르게 하라는 뜻입니다. 곧바로 잊어버리라는 것이지요. 허영심에 들떠 사람들에게 칭찬받고자 하는 태도도 잘못이지만, 남에게는 비밀에 부치면서도 스스로 묘한 우월감과 자부심을 느끼며 자축하는 나르시시즘(자아도취증)도 문제입니다.

우리의 선행을 이웃이 모르게 하고 나 자신도 곧바로 잊어버린다고 할지라도 한 분 하나님께는 숨길 수 없습니다. 하나님은 모든 것을 은밀히 보고 계시기에 나와 이웃은 잊어버려도 하나님께서 기억하시고 갚아주실 것입니다.

기도에 관한 교훈

바리새인의 위선적 기도 경계

관객에게 보이기 위한 쇼가 될 수 있는 또 하나의 경건 행위는 '기도'입니다. 경건한 유대인들은 오전 9시, 정오 12시, 오후 3시 시간을 정해놓고 세 차례씩 기도했습니다. 서서 기도했습니다.

기도는 일상에서 실천해야 하기에 사람들이 많이 모인 '회당'이나 '큰길 모퉁이'에서 기도하는 것은 큰 문제가 아닙니다. "언제 어디에서 어떻게 몇 번 기도하는가"는 개인과 공동체에 따라서 각각 다르기에 기도 시간과 장소, 방법, 횟수도 큰 문제가 되지 않습니다. 다만 기도하는 '동기'와 '목적'과 '내용'이 중요합니다. 이와 관련해서 예수님은 '바리새인의 위선적 기도'와 '이방인의 중언부언 하는 기도'를 꼬집으십니다.

또 너희는 기도할 때에 외식하는 자와 같이 하지 말라 그들은 사람에게 보이려고 회당과 큰 거리 어귀에 서서 기도하기를 좋아하느니라 내가 진실로 너희에게 이르노니 그들은 자기 상을 이미 받았느니라(5절).

여기에서도 연극배우를 뜻하는 'ὑποκριταί'(휘포크리타이, 외식하는 자)가 등장합니다. 하나님께 집중하고 몰입해야 할 기도까지도 관객들의 칭찬과 박수를 받으려는 연기로 변질할 수 있다는 것이지요. 예수님 시대의 바리새인들은 사람들이 많이 모이는 회당이나 큰 거리 어귀에 나가서 두 손을 높이 들고 과시하듯이 기도했습니다. 겉으로는 하나님께 기도하는 듯이 보였지만, 속으로는 사람들이 감탄해주기를 기대하는 왜곡된 동기로 기도한 것이지요.

사람들이 듣는 공중 기도가 어려운 것은 기도의 대상과 초점이 어떻게 주 하나님께로만 오롯이 집중될 수 있느냐가 쉽지 않기 때문입니다. 어느 정도 사람들을 의식하는 것이 우리의 본능이지만, 예수님은 하나님께만 집중하는 기도가 진정한 기도임을 분명히 하십니다. 구제 못지않게 '자기 의'가 크게 드러나는 영역이 기도이기에 예수님은 기도할 때에도 숨으라고 하십니다.

너는 기도할 때에 네 골방에 들어가 문을 닫고 은밀한 중에 계신 네 아버지께 기도하라 은밀한 중에 보시는 네 아버지께서 갚으시리라(6절).

사람들이 많이 모이는 장소에 가서 이목을 끌기에 급급한 위선적 기도를 드리지 않으려면 골방으로 숨어야 합니다. '골방'은 하나님께만 집중할 수 있는 은밀한 장소를 말합니다. 사람들의 시선이나 소음에 방해받지 않고, 오직 하나님 한 분과만 친밀한 대화를 나눌 수 있는 곳은 어디든지 골방입니다.

우리는 중요한 사람과 밀담을 나누기 위해서 은밀한 장소를 택합니다. 아무나 붙들고 "우리 조용한 곳에 가서 말 좀 합시다"라고 하지 않습니다. 사랑하는 연인일수록, 다정한 잉꼬부부일수록 남이 들을까 조바심을 내면서 은밀한 장소에서 밀어를 속삭입니다. 그러므로 골방으로 들어가라는 말은 '신방新房'으로 들어가라는 말과 같습니다. 하나님 아버지와 가장 친밀하고 가장 사랑 넘치는 둘만의 시간을 가질 수 있는 가장 은밀한 신방에 가서 기도하라는 뜻입니다.

하나님께만 집중하려는 순수한 동기로 골방으로 숨어들어 기도할 때 하나님은 우리의 모습을 '숨어서 보십니다.' 주님은 우리가 말로 하는 기도를 듣기 이전에 순수한 동기로 기도하는 우리의 자세를 눈여겨보십니다. 신부가 신방을 찾듯이 가슴 설레는 모습으로 골방에 들어온 우리의 떨리는 모습을 숨어서 보십니다. 구경꾼들의 곁눈질에 신경 쓰지 않고 오롯이 하나님께만 집중하는 모습을 기쁨에 겨워 보십니다.

골방을 뜻하는 헬라어 ταμεῖον(타메이온)은 본래 '보물 창고'를 말합니다. 기도의 골방으로 들어갈 때마다 우리는 엄청난 보물이 기다리는 보물 창고로 들어가는 것임을 잊지 말아야 합니다.

이방인의 중언부언하는 기도 경계

기도와 관련해서 예수님은 '이방인의 중언부언重言復言하는 기도'
도 경계하십니다.

> 또 기도할 때에 이방인과 같이 중언부언하지 말라 그들은 말을 많이 하
> 여야 들으실 줄 생각하느니라(7절).

의미도 없는 주문을 기계적으로 외우듯이 횡설수설하는 기도를
경계하신 것이지요. 바리새인의 위선적 기도가 동기가 잘못된 기도
라고 한다면, 이방인의 기도는 내용과 마음 없이 입술만 움직이는
기도입니다. 속 깊은 생각이나 사랑의 감정 없이 공허한 문구들을
주문을 외우듯이 장황하게 늘어놓는 기도야말로 일월성신日月星辰이
나 목석과 같은 우상에게 자기 얻을 것만 얻어내면 된다며 회유나
협박하는 형태의 무속적(샤머니즘) 기도일 것입니다. 내용 없는 말을
많이 해야지만 듣는다고 착각하는 기도입니다.

> 그러므로 그들을 본받지 말라 구하기 전에 너희에게 있어야 할 것을 하
> 나님 너희 아버지께서 아시느니라(8절).

하나님은 우리의 마음을 미리 아시는 전지전능하신 하나님이십
니다. 그러기에 우리가 구하기 전에도 우리의 필요를 다 아십니다.

기도는 하나님께서 내 사정을 잘 모르시니 친절하게 알려드리거나 앞으로 이렇게 저렇게 하라고 가르치거나 부탁하는 것이 아닙니다. 하나님의 음성을 듣고 깨닫는 것이 진정한 기도입니다. 성숙한 기도는 내 쪽에서 말을 많이 하는 기도이기보다는, 하나님의 음성을 잘 듣는 기도입니다. 내 뜻을 주님의 뜻에 일치시켜 인격과 삶이 변화되는 것이 참된 기도의 능력입니다. 진정한 기도는 내가 구하는 것을 얻어내는 데 목적이 있지 않고, 하나님의 음성을 듣고 하나님의 뜻을 깨달아 내 뜻을 하나님의 뜻에 일치시키는 것입니다.

금식에 관한 교훈

'자기 의'가 많이 드러나 사람들의 시선을 끌기 쉬운 또 하나의 경건 행위는 '금식'입니다. 육체가 영혼에 순종하도록 음식을 끊는 행위가 금식이지요. 유대인들은 대제사장이 이스라엘의 모든 죄를 지고 1년에 한 번씩 지성소에 들어가는 대속죄일(Yom Kippur, the day of atonement)에 온종일 금식했습니다(레 23:27-29). 바리새인들은 '이레에 두 번씩'(눅 18:12), 월요일과 목요일에 주기적으로 금식했습니다. 금식은 개인이나 공동체, 국가에 큰 위기가 닥칠 때 참회하는 기도 형식으로 행해졌습니다.

겸손히 자기를 비우고 참회의 수단이 돼야 할 금식조차도 자기 공로를 얻기 위한 수단으로 전락할 수 있습니다. 남들이 하기 어려운 금식을 한다는 사실을 얼굴과 옷매무새에 이르기까지 과시하고 금식하지 않는 이들을 깔보면서 상대적 우월감을 느낄 수 있다는 것이지요.

> 금식할 때에 너희는 외식하는 자들과 같이 슬픈 기색을 보이지 말라 그들은 금식하는 것을 사람에게 보이려고 얼굴을 흉하게 하느니라 내가 진실로 너희에게 이르노니 그들은 자기 상을 이미 받았느니라(16절).

여기에서도 어김없이 연극배우를 뜻하는 ὑποκριταί(휘포크리타이)가 등장합니다. 자기를 낮추고 죄를 뉘우치는 금욕과 절제 수단인 금식조차도 사람들에게 보이려고 연기하듯이 할 수 있습니다. 최대한 금식하는 티를 내며 얼굴을 창백하게 하고 제대로 씻지도 않고 옷차림도 허름하게 보이게 합니다. 예수님은 구경꾼들의 감탄과 동정을 바라는 금식은 받아야 할 상을 다 받은 것이라고 말씀하십니다. 하늘의 상이 없다는 것이지요.

> 너는 금식할 때에 머리에 기름을 바르고 얼굴을 씻으라 이는 금식하는 자로 사람에게 보이지 않고 오직 은밀한 중에 계신 네 아버지께 보이게 하려 함이라 은밀한 중에 보시는 네 아버지께서 갚으시리라(17-18절).

금식하는 티가 나지 않도록 머리에 올리브 기름을 바르고, 빗으로 정갈하게 빗고, 깨끗이 세수를 하라는 것입니다. 금식하는 것을 알아차리지 못하도록 평소에 세 끼 음식을 다 먹는 것처럼 행동하라는 것이지요. 이렇게 할 때 숨어서 보시는 하나님께서 갚아주십니다.

예수님은 공생애를 시작하기 전 40일간 밤낮으로 금식하면서 마귀에게 유혹을 받으신 적이 있습니다. 예수님은 제자들에게 신랑을 빼앗길 날이 임하면 그때 가서 금식하라고 말씀하셨습니다(마 9:15). 결혼식을 올리는데 전쟁이 터져서 적군이 신랑을 잡아갔습니다. 하루아침에 신랑을 잃어버린 신부는 음식이 눈에 들어오지 않습니다. 식음을 전폐하고 통곡하며 신랑이 돌아올 날을 기다립니다.

신부가 신랑을 빼앗긴 날은 위기의 날입니다. 가정이 깨지고 교회와 국가가 존망의 기로에 서는 날이지요. 이럴 때 자기를 죽이고 참회하면서 겸손히 하나님의 은혜를 구하는 통로가 금식입니다. 이렇게 중요한 금식도 연기하듯이 하면 안 되고 하나님께 초점을 맞춰야 합니다.

> 우리가 금식하되 어찌하여 주께서 보지 아니하시오며 우리가 마음을 괴롭게 하되 어찌하여 주께서 알아 주지 아니하시나이까 보라 너희가 금식하는 날에 오락을 구하며 온갖 일을 시키는도다 보라 너희가 금식하면서 논쟁하며 다투며 악한 주먹으로 치는도다 너희가 오늘 금식하는 것은 너희의 목소리를 상달하게 하려는 것이 아니니라 이것이 어찌 내가 기뻐하는 금식이 되겠으며 이것이 어찌 사람이 자기의 마음을 괴롭게 하는 날이 되겠느냐 그의 머리를 갈대 같이 숙이고 굵은 베와 재를 펴는 것을 어찌 금식이라 하겠으며 여호와께 열납될 날이라 하겠느냐

내가 기뻐하는 금식은 흉악의 결박을 풀어 주며 멍에의 줄을 끌러 주며 압제당하는 자를 자유하게 하며 모든 멍에를 꺾는 것이 아니겠느냐 또 주린 자에게 네 양식을 나누어 주며 유리하는 빈민을 집에 들이며 헐벗은 자를 보면 입히며 또 네 골육을 피하여 스스로 숨지 아니하는 것이 아니겠느냐(사 58:3-7).

그리스도인은 '드러나야 할 때'와 '숨어야 할 때'를 분별해야 합니다. 하나님의 의를 위한 일일 때에는 정오의 빛처럼 환히 드러나야 합니다. 자기 의가 드러날 때는 은밀한 곳으로 숨어야 합니다.

구제와 기도와 금식이라는 3대 경건 행위에서 가장 중요한 것은 "누구를 의식하느냐"는 것입니다. 관객이 누구냐는 것이지요. 우리를 지켜보는 '사람들'일 수도 있고, 남이 하지 못하는 것을 하는 자신을 흐뭇하게 미소 지으며 자축하는 '자아'가 관객일 수도 있습니다. 하나님 앞에 드리는 경건 행위조차도 배우가 무대 위에서 연기하며 관객들의 박수갈채를 기대하는 공연 행위가 된다면, 이것은 일종의 신성모독입니다. 관객을 바꾸면 공연의 동기와 내용과 목적이 달라집니다. 나와 이웃을 넘어서 하나님 한 분이 우리 경건 행위의 유일한 관객이 돼야 합니다.

8. 주님의 기도

〈마 6:9-15〉

주님의 기도 = 기도의 교과서

본문은 그 유명한 '주님의 기도'(the Lord's prayer)입니다. 헬라어 57글자로 주님께서 친히 가르치신 기도지요. 모든 일은 방법부터 배워야 합니다. 기도에도 방법에 관한 배움이 필요합니다. '주님의 기도'는 '바리새인의 위선적 기도'와 '이방인의 중언부언하는 기도'를 경계하신 뒤에 바르게 기도하는 **방법**과 올바른 기도의 **내용**을 가르치신 기도입니다.

바리새인들은 사람이 많이 모이는 회당이나 큰길 모퉁이에 나가서 두 손을 높이 들고 보란 듯이 기도했습니다. 처음부터 그런 것은 아니었겠지만, 시간이 갈수록 하나님께 집중하기보다 사람들의 이목을 끌기 위한 기도로 변질했습니다. 배우가 무대 위에 올라가 관객의 박수갈채를 사모하며 연기하듯이 기도했습니다. 기도는 '사람'이 아닌, '하나님'께 올려야 하기에 골방에 들어가 몰래 기도해야 합니다. 이방인들은 내용도 없는 주문과 같은 기도를 우상 앞에서 기계적으로 반복했습니다.

주님이 가르치신 기도는 두 가지 잘못된 기도를 경계하신 배경에서 나왔습니다. '바리새인의 위선적 기도'와 '이방인의 알맹이 없는 기도'를 교정하고자 친히 '기도의 모범'(model prayer)을 가르치신 것이지요. 그러나 직접적으로는 이방인들이 일월성신이나 목석 앞에서 빈말을 되풀이하는 식의 기도를 경계하신 직후에 나왔습니다. 지난 2천 년 동안 주기도문은 공중예배나 개인의 경건 생활을 불문하고 가장 자주 암송되는 기도로 유명하지만, 정작 자신도 모르게 이방인의 기도처럼 그 내용을 깊이 음미도 하지 못한 채 기계적으로 반복하는 습관이 됐습니다.

기도에 '학습'이 필요하고 '모범'이 필요한 이유는 까딱 잘못하면 하나님께 드리는 기도가 아니라 사람들과 자신이 듣는, 대상과 목적이 크게 빗나간 기도가 될 수 있고, 살아계신 인격신人格神 하나님께 드리는 기도가 아니라 해와 달, 별, 바위, 나무와 같은 우상에게 자기 소원을 이루려는 무속적 기도가 될 수 있기 때문입니다. 따라서 예수께서 가르치신 기도야말로 자신의 영광을 구하고 자기 뜻을 이루려는 기도가 아니라, 오로지 살아계신 아버지 하나님께 영광을 돌리며 하나님의 뜻을 이루려는 기도입니다.

주님의 기도 구조

주님의 기도는 크게 세 부분으로 이뤄집니다. '하나님께 드리는 세 가지 청원'(three *Thou* petitions)과 '우리의 필요를 구하는 세 가지 청원'(three *We* petitions), '송영'(doxology)입니다.

그 순서가 우리의 필요가 아닌, 하나님의 영광과 하나님의 뜻을 먼저 구한다는 점이 중요합니다. 이 점에서 주님의 기도는 사람들이나 자신이 듣는 바리새인의 기도와 다르고, 이기적 필요를 충족하고자 우상 앞에 무의미한 단어를 기계적으로 나열하는 이방인의 기도와도 구별됩니다.

하나님께 드리는 청원 (Thou petitions)	하늘에 계신 우리 아버지여(Our Father in heaven)
	① 이름이 거룩히 여김을 받으시오며(hallowed be your name)
	② 나라가 임하시오며(your kingdom come)
	③ 뜻이 하늘에서 이루어진 것 같이 땅에서도 이루어지이다 (Your will be done, on earth as it is in heaven)
우리의 필요를 구하는 간구 (We Petitions)	④ 오늘 우리에게 일용할 양식을 주시옵고(Give us this day our daily bread)
	⑤ 우리가 우리에게 죄 지은 자를 사하여 준 것 같이 우리 죄를 사하여 주시옵고(And forgive us our debts, as we also have forgiven our debtors)
	⑥ 우리를 시험에 들게 하지 마시옵고 다만 악에서 구하시옵소서(And do not bring us to the time of trial, but rescue us from the evil one)
송영(doxology)	⑦ 나라와 권세와 영광이 아버지께 영원히 있사옵나이다. 아멘(For the kingdom and the power and the glory are yours forever. Amen)

하늘에 계신 우리 아버지

주님의 기도는 먼저 아버지와 같이 친밀하고 인격적인 하나님을 부르는 것으로 시작합니다. "하늘에 계신 우리 아버지여." 주님의 기도가 바리새인이나 이방인의 기도와 처음부터 구별되는 것은 기도의 대상이 살아계시며 사랑이 많으신 아버지와 같은 인격적인 하나님이라는 사실에 있습니다.

예수님은 하나님을 '아바'(Abba)라고 부르셨습니다(막 14:36). 아람어로 '아빠'(daddy)라는 뜻이지요(롬 8:15; 갈 4:6 참조). 하나님을 무서운 분으로 인식한 사람들에게 '아빠'라는 호칭은 놀랍습니다. 하나님은 해와 달과 나무와 돌과 같은 비인격적 물체가 아니라, 지·정·의를 갖추고 자녀를 자애로운 사랑으로 대하시는 인격신입니다. 무엇보다 하나님의 친자이신 예수님 덕분에 우리는 하나님의 양자로 입양돼 예수님이 누리시는 '아들됨'(sonship)의 특권을 함께 누리게 됐습니다.

하나님은 '하늘'에 계십니다. 헬라어 원어 성경에서 '하늘'은 단수 'οὐρανός'(우라노스)가 아닌, 복수 'οὐρανοί'(우라노이, 하늘들)입니다. 단수라면 우주의 어느 한 모퉁이를 뜻하는 물리적 공간이 되겠지만, 복수는 하나님이 시공을 초월해 어느 곳에나 무소부재 하신 **초월적** 하나님임을 보여줍니다. 다시 말해 '하늘'은 우주의 한 장소를 특정하는 것이 아니라, 하나님의 권능과 초월성을 나타냅니다.

하늘에 계신 하나님은 땅의 모든 것을 초월해계시는 권능의 하나님이시지만, 동시에 우리의 아버지가 되십니다. '하늘'은 우리의 모든 것을 뛰어넘는 하나님의 '초월성'(transcendence), '아버지'는 우리 곁에 함께 계시는 하나님의 '내재성'(immanence)을 상징합니다.

예수님은 이 하나님을 '나의 아버지'가 아닌, '우리 아버지'로 부르십니다. 주기도문은 처음부터 끝까지 '나'가 아닌, '우리'로 일관합니다. 철두철미 그리스도 안에서 시공을 초월해서 한 몸으로 연결된 교회 공동체의 기도라는 말이지요. 주기도문은 예수 그리스도를 통해 하나님의 자녀로 입양된 모든 그리스도인이 한 가족 공동체가 돼서 공동의 아버지 하나님께 올리는 공동의 기도입니다.

주기도문을 드리는 모든 그리스도인이 한 가족으로서 하나님을 한 아버지로 부른다면, '우리'에는 지위와 신분과 학력과 외모와 인종과 언어가 다른 수많은 형제자매가 포함됩니다. '우리' 안에는 한때 전과자였던 이들과 몸과 정신에 장애가 있는 이들 등등이 포함되기에 그들도 우리와 똑같은 아버지를 모신 한 가족이라는 사실을 잊지 말아야 합니다.

Three *Thou* Petitions

이름이 거룩히

하늘에 계시는 초월성의 하나님이신 동시에 우리와 함께 계시는 내재성의 아버지 하나님을 부르는 것으로 시작한 주기도문은 하나님께 세 가지를 청원합니다. 하나님의 '이름'과 '나라'와 '뜻'입니다.

이름이 거룩히 여김을 받으시오며(9b절).

하나님을 향한 첫 번째 청원 기도는 "하나님의 이름을 거룩하게 해달라"는 것입니다. 이름은 인격 전체를 드러냅니다. 초등학교 동창과 헤어진 지 수십 년, 얼굴은 기억 못 해도 이름을 떠올리면 그 친구의 개성이 연상됩니다. 신병교육대나 교도소에서는 이름 대신 번호를 사용합니다. 훈병이나 수인을 인격으로 대하지 않겠다는 것이지요. '안중근'이나 '이완용', 역사의 인물들도 이름만 들으면 영광스러운 삶을 살았는지, 수치스러운 삶을 살았는지 금방 알 수 있습니다.

다섯 살 먹은 아이가 시장에서 엄마를 잃었습니다. 울며불며 엄마를 찾는데 그냥 '엄마'하고 부르는 것이 아니라, 엄마 이름 '헬렌'을 불렀습니다. 엄마는 자기 이름을 부르는 아이의 소리를 듣고 아들을 찾았습니다.

"엄마 이름은 왜 불렀니?"

"엄마들은 많지만, 헬렌이라는 이름은 엄마 하나니까요!"

헬렌은 한 사람의 이름이기 이전에 이 아이에게 엄마의 전부였습니다.

성경은 '하나님의 이름'을 '하나님'과 동의어로 사용합니다. 하나님의 이름을 찬양하는 것은 곧 하나님을 찬양하는 것이고(시 97:12), 하나님의 이름을 자랑하는 것은 곧 하나님을 자랑하는 것입니다(시 20:7). 하나님의 이름이 거룩해진다는 말은 하나님의 이름이 다른 모든 속된 이름들과 구별될 뿐 아니라, 최고로 신성히 여김을 받아야만 한다는 뜻입니다.

하나님의 이름이 당연히 받아야 할 영광을 받을 수 있게 해야 합니다. 더럽히지 않도록 해야 합니다. 자녀가 잘못하면 고스란히 부모 이름에 손상을 끼치듯이 우리의 잘못으로 하나님의 이름에 누가 되지 않도록 해야 합니다.

2차 세계대전 때 히틀러를 맹종하는 독일 군인들은 "하나님이 우리와 함께 계신다"(Gott mit uns)라는 구호가 붙은 전투모를 쓰고 양민을 학살하는 전장을 누볐습니다. 나치가 일으킨 전쟁이나 십자군 전쟁처럼 불의한 일에 주님의 이름으로 뛰어드는 것 자체가 하나님의 거룩하신 이름을 욕되게 하는 것입니다.

하나님 나라의 도래

하나님을 향한 두 번째 청원 기도는 "하나님의 나라가 오게 해달라"는 기도입니다. 하나님의 나라는 하나님을 왕으로 모시고 하나님의 주권 통치가 실현된 상태를 말합니다. 하나님의 나라는 2천

년 전에 예수께서 오심으로써 이미 시작됐지만, 아직 완전히 실현되지 않은, '이미와 아직 아닌'(already but not yet)의 역설과 긴장 속에 있는 나라입니다.

> 바리새인들이 하나님의 나라가 어느 때에 임하나이까 묻거늘 예수께서 대답하여 이르시되 하나님의 나라는 볼 수 있게 임하는 것이 아니요 또 여기 있다 저기 있다고도 못하리니 하나님의 나라는 너희 안에 있느니라(눅 10:20-21).

하나님의 나라는 우리 가운데 하나님의 주권 통치가 이뤄지면 이미 우리 가운데 시작됩니다. 하지만 최종 실현은 예수님의 재림과 최후 심판 때 이뤄질 것입니다. 우리는 지금 여기에서 사랑과 정의와 평화와 일치가 구현되는 하나님의 나라가 어서 빨리 오게 해달라고 기도해야 합니다.

하나님의 뜻이 땅에도

하나님을 향한 우리의 세 번째 청원 기도는 "하나님의 뜻이 하늘에서 이뤄진 것처럼 이 땅에서도 이뤄지게 해달라"는 기도입니다. 하나님의 뜻은 "하나님의 선하시고 기뻐하시고 온전하신 뜻"입니다(롬 12:2). 그 뜻이 하늘에서 이뤄졌다면, 지상에서도 실현돼야 합니다.

주기도문이 아름다운 것은 그 목적이 땅에 있는 우리를 낚아채서 하늘로 끌어 올리는 데 있지 않고, 하늘에 있는 하나님의 거룩하신 이름이 이 땅에서도 거룩해지고, 하나님의 나라가 이 땅에서도 실현되고, 하늘에서 실현된 하나님의 뜻이 이 땅에서도 성취되게 해달라고 기도하는 데 있습니다.

예수님이 하늘에서 죄 많은 세상으로 내려오신 것처럼, 주기도문 역시 '땅에서 하늘'이 아닌 '하늘에서 땅으로' 향한다는 사실이 특별합니다. 다시 말해 세상을 초월한 하나님의 이름과 나라와 뜻이 죄 많은 이 세상에서도 그대로 이뤄지게 해달라는데 그 비범함이 있습니다. 세상은 죄가 많으니 하루라도 빨리 저 천국으로 우리를 데려가 달라고 기도하는 것이 아니라, 천국이 지상에서도 실현되게 해달라고 기도하기에 특별합니다.

하나님의 뜻을 알 수 있는 통로는 '성경'과 '성령'입니다. 우리는 날마다 성경과 성령의 도우심으로 하나님의 뜻을 분별하여 그 뜻을 이 땅에서 이루는 삶을 살아야 합니다.

헨리 비처Henry Beecher(1813~87)는 "포도주가 병마개를 밀어내듯이 기도해야 한다"라고 말했습니다. 루터는 "굶주린 개가 고기를 보고 달려들 듯이 기도하라"고 했습니다. 발효된 포도주 에너지가 병마개를 밀어내듯이, 허기진 개가 고기를 보고 달려들 듯이 하나님의 이름이 거룩히 여김을 받고, 하나님의 나라가 임하고, 하나님의 뜻이 실현되도록 기도해야 합니다.

Three *We* Petitions

하나님에 관한 청원 기도 셋이 끝난 뒤 주님의 기도는 우리의
필요에 관한 청원 셋으로 방향을 바꿉니다. 'Thou'(당신)에서 'We'
(우리)로 전환합니다. '일용할 양식'과 '죄의 용서'와 '시험과 악으로
부터의 보호'를 구합니다.

① 일용할 양식	육적인 필요	성부 하나님
② 죄의 용서	영적인 필요	성자 하나님
③ 시험에 들지 않고 악에서 구하는 것	도덕적 필요	성령 하나님

주기도문 후반부에서 우리의 필요를 구하는 기도는 우리의 육
적이고 영적이고 도덕적인 필요를 총괄할 뿐 아니라, 성부 성자 성
령 삼위일체 하나님이 다 함께 역사하시는 기도 내용입니다.

일용할 양식을

예수님은 "오늘 우리에게 필요한 양식을 내려달라"고 기도하게
하십니다. '오늘 우리에게 필요한 양식', 즉 '일용할 양식'(daily
bread)이라는 표현이 중요합니다. 양식은 헬라어로 ἄρτος(아르토스)
로서 '빵'을 말하지만, 생존을 위해 물질적으로 필요한 모든 것, 즉
의식주 전체를 포괄합니다.

개역 개정에서는 '일용할'로, 새번역에서는 '필요한' 것으로 번역한 'ἐπιούσιος'(에피우시오스)는 주님의 기도에만 등장하는 희귀한 단어인데, 흔히 '생존을 위해서 필요한'(necessary for survival)이나 '다가올 날을 위해서 필요한'(necessary for the day that is coming)으로 해석합니다. 아침에 이 기도를 드린다면 '오늘 필요한 양식'이 될 것이고, 저녁에는 '내일 필요한 양식'이 되겠지요. 일용할 양식은 사치품을 제외하고 인간이 생존하기에 필요한 일체의 필수품입니다.

예수님은 이토록 중요한 양식을 평생 달라고 하시지 않습니다. 날마다 그날의 양식을 위해서 기도하라고 하십니다. 이스라엘 백성이 광야에서 생활할 때 하나님께서 날마다 필요한 만나를 공급해주신 것처럼(출 16:4), 날마다 하나님을 의지하며 살라는 뜻입니다. 어제는 잊고 내일은 미리 걱정하지 말고, 오늘밖에 없다는 듯이 날마다 하나님께 맡기고 살아야 한다는 것이지요. 더더욱 중요한 것은 '나에게 필요한 양식'이 아닌, '우리에게 필요한 양식'을 위해서 기도해야 합니다. 주변에 굶주린 모든 이들을 생각해야 합니다.

우리의 죄를 사(赦)하여

우리를 위한 청원 기도의 둘째 주제는 '죄 용서'입니다.

우리가 우리에게 죄 지은 자를 사하여 준 것 같이 우리 죄를 사하여 주시옵고(12절).

죄는 영혼을 갉아먹는 무서운 적이기에 '죄 문제'가 해결되지 않고서는 참된 구원이 일어나지 않습니다. 죄를 지으면 관계가 단절됩니다. 하나님과의 관계, 이웃과의 관계가 끊어집니다. '죄 용서'는 깨진 관계를 복원합니다. 양식이 육신을 보존하기 위해 중요하듯이, '죄 사함'은 영혼의 건강을 위해서 중요합니다.

얼핏 우리가 먼저 이웃의 죄를 용서해줘야지만, 하나님께서 우리의 죄를 용서해주시는 것처럼 들립니다. 이런 전제가 이뤄져야만 하나님께서 우리의 죄를 용서해주신다면, 세상에 구원받을 사람은 아무도 없습니다. 하나님은 무제약적 사랑의 하나님이시기에 우리에게 잘못한 사람을 우리가 용서해주지 않았다고 해도 얼마든지 우리의 죄를 용서해주실 것입니다. 하나님의 용서는 조건부 용서가 아닙니다.

이웃이 끼친 악행과 상처를 용서하지 않고, 증오심과 복수심을 품고 산다면 가해자나 피해자 모두 공멸할 수밖에 없을 것이기에 예수님은 용서의 중요성을 일러주고자 이 기도를 가르치십니다. 용서할 때 비로소 내면의 치유와 자유와 평화를 얻을 수 있기에 이웃의 죄를 용서해야 합니다.

용서가 '빚'(ὀφειλήματα, 오페일레마타, debt)의 탕감과 관련돼 있다는 사실도 중요합니다. 예수님이 들려주신 '용서할 줄 모르는 종의 비유'(마 18:21-33)처럼 하나님께서 우리가 죽었다 깨어나도 갚을 수 없는 천문학적 빚을 탕감해주셨건만, 형제가 우리에게 진 사소한 빚을 탕감해주지 않는다면 이보다 더 큰 모순은 없습니다. 이웃의 죄에 대한 용서는 우리의 죄를 용서해주신 하나님의 은혜에 대한 당연한 감사의 행위입니다.

용서에도 '우리'라는 복수를 사용한 것은 개인의 사소한 죄뿐만 아니라, 교회와 사회와 국가 전체가 저지르는 집단적 죄까지 포함된다는 사실을 보여줍니다. 때때로 인종 차별과 양민 학살이라는 끔찍한 집단적인 죄에 기독교인들이 연루될 수 있음을 인정하고, 이런 사회적이고 국가적 차원의 죄까지도 용서하고 용서받아야 합니다.

시험에 들지 않게, 악에서 구하여

우리의 필요를 구하는 기도의 셋째 주제는 양면적입니다. "우리를 시험에 들지 않게 해달라"는 부정형 기도와 "우리를 악에서 구해달라"는 긍정형 기도입니다(13절). '시험에 들지 않게 해달라는 것'이나 '악에서 구해달라는 것'은 동일한 내용의 두 차원, 즉 소극적 차원과 적극적 차원입니다. '시험'(πειρασμόν, 페이라스몬)은 '유혹'(tempting)이나 '시험'(testing) 두 의미로 사용됩니다. 하나님은 우리를 유혹해서 죄를 짓게 하시지 않습니다. 그러나 교사가 학생들의 실력을 측정하고자 시험을 내듯이 우리의 믿음과 인격을 떠보실 수는 있습니다. 그러기에 '유혹'은 마귀에게서 오고, '시험'은 하나님으로부터 옵니다.

"시험에 들지 않게 해달라"는 기도는 우리를 죄의 구렁텅이에 빠뜨리는 마귀의 유혹을 이겨내게 해달라는 기도입니다. "악에서 구해달라"는 어떤 성경에서 "악한 자로부터 구해달라"로 번역됐습니다. 헬라어 원어에 '악'은 πονηροῦ(포네루)라는 소유격으로 돼 있는데, 남성형일 수도 있고 중성형일 수도 있습니다. 남성형으로 풀면 '악한 자'로, 중성형일 경우에는 추상적 의미의 '악'으로 번역할 수 있습니다. 구체적으로 악행을 저지르는 '악인'이든, 추상적 의미의 '악'이든지 간에 이런 악으로부터 우리를 보호해달라고 하나님께 기도해야 합니다.

세상에는 우리를 해치는 수많은 종류의 '악인들'과 그 배후에 거대하고 조직적이고 우주적인 '악'과 '악한 영'으로 가득 차 있습니다. 이런 엄청난 악은 우리의 힘만으로는 도저히 극복할 수 없기에 하나님께 기도해야 합니다.

주기도문 후반부의 '우리의 청원 기도'는 우리의 모든 필요를 망라합니다. '일용할 양식'이라는 **물질적** 필요와 '죄 사함'이라는 영적 필요, '악으로부터의 보호'라는 **도덕적** 필요는 우리의 모든 기본적 필요를 축약한다고 볼 수 있으며, 이 모든 필요 때문에, 매 순간 오직 하나님께 간구하고 의지해야 합니다.

나라와 권세와 영광이

주님의 기도는 하나님께 드리는 청원 셋과 우리의 필요를 구하는 기도 셋으로 종결되지만, 몇몇 고대 사본에는 '송영'(doxology)이

첨가돼 있습니다

나라와 권세와 영광이 아버지께 영원히 있사옵나이다 아멘(13절).

'나라'(βασιλεία, 바실레이아, kingdom)와 '권세'(더 정확히 권능, δύναμις, 뒤나미스, power)와 '영광'(δόξα, 독사, glory)은 가장 강력하고 가장 귀한 것들을 총칭합니다. 그러기에 이것은 이 세상의 그 누구도 나라와 권세와 영광을 차지할 수 없고, 오직 하나님께만 귀속된다는 고백입니다.

헬라어 성경에 송영이 시작되는 문장 맨 앞에 이유를 의미하는 접속 부사 'ὅτι'(호티, for)가 나옵니다. 하나님의 이름을 거룩하게 하고, 하나님의 나라가 오게 하고, 하나님의 뜻을 이 땅에서 이루며, 우리에게 일용할 양식을 주시고, 우리의 죄를 용서해주시고, 우리를 시험에 들지 않고 악에서 구해주시기를 기도하는 이유는 나라와 권세와 영광이 오직 하나님께만 있기 때문입니다.

음악의 아버지 바흐Johann Sebastian Bach(1685~1750)는 자신이 작곡한 모든 악보의 끄트머리에 'S.D.G.'(Soli Deo Glori)라는 말을 적었습니다. "오직 하나님께만 영광을 돌린다"라는 뜻이지요.

주님께서 가르치신 기도는 사람과 자신에게 몰두하는 '바리새인의 기도'와, 빈껍데기 주문을 생각 없이 외우는 '이방인의 기도'와 '그리스도인의 기도'가 근본적으로 다르다는 사실을 보여줍니다.

전 세계 모든 그리스도인이 연대 의식을 갖고 함께 드려야 할 기도의 모범인 '주님의 기도'는 내 뜻과 내 영광이 아닌, 주님의 뜻과 주님의 영광을 먼저 구할 것을 가르칩니다. 궁극적으로 내 뜻을 아버지 하나님의 뜻에 일치시켜 하나님의 뜻으로 전향할 것을 요구합니다.

죄 많은 세상에 사는 우리를 낚아채 하늘로 끌어 올리지 않고, 하늘에 계신 예수님이 죄 많은 이 세상에 죄인의 형상을 입고 내려오신 것처럼 하늘 높은 곳의 하나님의 뜻과 나라가 이 땅에서도 실현될 것을 간구합니다. 이런 점에서 주님의 기도는 기도를 듣는 사람들이나 자기 자신이 아닌, 오로지 하나님께로만 집중하게 하는 '하나님 중심적 기도'(God-centered prayer)입니다.

9. 이것이냐, 저것이냐?

〈마 6:19-24〉

천국 시민의 가치관

신앙생활 전반이 하나님께 인정받고 칭찬받을 목적으로 재정향 再定向(reorientation) 되기 위해서는 천국 시민의 가치관이 바로 정립 돼야만 합니다. "무엇에 가치를 두고 사느냐"의 가치관 문제는 우리 의 '정체성'(identity)과 직결됩니다. 세상 사람은 아침에 있다가 금 방 사라질 허망한 것에 가치를 두더라도, 천국 시민은 영원히 썩지 아니할 것에 가치를 둬야 합니다. 스스로 천국 시민이라고 자부하 면서도 세상적인 것에 더 큰 가치를 두고 산다면 우리는 천국 시민 이 아닐 것입니다.

예수께서 들려주신 '보물'과 '빛'과 '노예'의 비유는 천국 시민이 어떤 시각(perspective)으로 어떤 가치관(values)을 갖고 살아야 하는 지를 보여줍니다. "이것이냐, 저것이냐?" "땅에 쌓는 보물이냐, 하늘에 쌓는 보물이냐?" "빛이냐, 어둠이냐?" "하나님이냐, 재물이냐?" 하나를 선택할 것을 요구합니다. 천국 시민은 양자택일에 직면해서 천국 시민다운 눈을 뜨고 천국 시민다운 가치를 붙들어야만 합니다. '세상 가치'와 '천국 가치' 사이에 양다리를 걸치고 둘 다 붙들 수는 없습니다.

보물을 어디에?

천국 시민의 가치관에 관한 첫째 비유는 '보물'(treasure) 비유입니다. 예수님은 보물 그 자체를 부인하시지 않습니다. '부'(wealth) 자체를 인정하십니다. 예수님의 이런 정신은 바울 사도에게 계승됐습니다.

돈을 사랑함이 일만 악의 뿌리가 되나니 이것을 탐내는 자들은 미혹을 받아 믿음에서 떠나 많은 근심으로써 자기를 찔렀도다(딤전 6:10).

바울은 '돈' 그 자체가 '일만 악의 뿌리'라고 하지 않습니다. '돈을 사랑함'(the love of money)이 모든 악의 뿌리입니다. 예수님도 보물 자체를 배격하시지 않습니다. 보물을 '쌓는 것'(storing up)에 문제가 있습니다.

너희를 위하여 보물을 땅에 쌓아 두지 말라 거기는 좀과 동록銅綠이 해하며 도둑이 구멍을 뚫고 도둑질하느니라 오직 너희를 위하여 보물을 하늘에 쌓아 두라 거기는 좀이나 동록이 해하지 못하며 도둑이 구멍을 뚫지도 못하고 도둑질도 못하느니라(마 6:19-20).

보물 자체는 중립적입니다. 어떻게 사용하는가에 따라서 가치가 결정됩니다. 예수님은 보물을 사용하는 태도 일체를 '쌓는 것'으로 비유하십니다. 보물을 사용하고 처분하는 방법에는 두 가지가 있습니다. '땅에 쌓는 방법'과 '하늘에 쌓는 방법'입니다. '보물'이 우리가 벌거나 저축을 하거나 사용하는 일체의 재화를 의미한다면, 재화를 어디에다가 쌓느냐가 중요합니다. '땅에 쌓는 것'과 '하늘에 쌓는 것'의 차이는 무엇일까요?

땅에 쌓는 보물 (Perishability)	좀이 먹고, 녹이 슬어서 망가지고, 도둑들이 뚫고 들어와 훔쳐 간다.
하늘에 쌓는 보물 (Imperishability)	좀도 먹지 않고, 녹이 슬어서 망가지는 일도 없고, 도둑이 뚫고 들어와 훔쳐 가지도 못한다.

두 보물의 차이는 '내구성耐久性'(endurance)에 있습니다. 땅에 쌓는 보물은 '좀'(moth)이 먹습니다. 값비싼 옷도 세월이 흐르면 좀이 먹어 헤어집니다. '녹'(rust)이 습니다. 휘황찬란한 보석도 녹이 슬어 부식됩니다. 농작물이나 음식도 시간이 흐르면서 부패합니다. 땅에 쌓는 보물은 '도둑들'(thieves)이 뚫고 들어와 훔쳐 갑니다(도둑이

단수가 아닌 복수인 것은 한 도둑으로 끝나는 것이 아니라, 끊임없이 새로운 도둑들이 들어올 수 있다는 뜻입니다). 예수님 시대의 가옥은 진흙 벽돌로 지었기에 도둑이 쉽게 뚫고 들어올 수 있었습니다. '좀과 녹'은 재물이 자연적으로 망가진다는 것이고, '도둑들'은 인위적으로 재물을 잃을 수도 있다는 것입니다.

예수님이 '좀'과 '녹'과 '도둑' 셋을 들어서 땅에 쌓는 보물이 사라질 수 있다는 사실을 강조하신 것은 오늘로 말하면 갑자기 IMF가 찾아오고, 주가 폭락, 급성 인플레이션 등이 들이닥칠 수 있다는 말입니다. 땅에 쌓는 보물은 천년만년 오래가지 않고 소실될 수 있다는 것이지요.

하늘에 쌓는 보물은 좀도 먹지 않고 녹도 슬지 않고 도둑들도 넘볼 수 없습니다. 영원합니다. 땅에 쌓는 보물은 무상하지만, 하늘에 쌓는 보물은 영원합니다.

"보물을 땅에 쌓는다"라는 말은 탐욕이나 허영심을 채우기 위해 재물을 사용하는 것을 의미합니다. 땅의 가치를 위해 보물을 사용하고 저장하고 사수하려고 하지만, 내세까지 갖고 갈 수 없다는 점에서 허무합니다. '보물을 하늘에 쌓는 것'은 하나님의 영광을 위해 거룩하고 선하고 의로운 일에 재물을 선용하는 것입니다.

세상을 떠날 때 천국까지 갖고 갈 수 있는 것은 '우리 자신'밖에 없는 까닭에 보물을 하늘에 쌓는 것은 모든 것을 천국 시민답게 사용하는 우리의 인격과 성품을 빗대어 말한 것입니다. 예수님은 보물 비유의 결론을 내리십니다.

네 보물 있는 그 곳에는 네 마음도 있느니라(21절).

재물은 거룩하고 선하고 의롭게 쓰라고 주어진 선물인데, 탐욕과 허영심에 들떠 땅에 쌓으려고만 한다면 우리 마음은 필연적으로 재물에 갈 수밖에 없습니다. 땅에 쌓는 재물은 반드시 사라질 날이 옴에도 축적한 재물을 간수하고자 온 신경이 거기에 집중됩니다. 보물을 쌓아 둔 그곳에 '마음'(heart)도 함께 갑니다. '마음'은 '육체'에 반하는 인격 일부가 아닌, '자아 전체'(total self)를 말합니다. 보물을 땅에 쌓을 경우, 쌓은 보물을 보호하고 유지하기 위해서 마음, 즉 온 인격이 쉴새 없이 그 보물로 갈 수밖에 없습니다. 이런 맥락에서 바울 사도의 경고를 들어야 합니다.

네가 이 세대에서 부한 자들을 명하여 마음을 높이지 말고 정함이 없는 재물에 소망을 두지 말고 오직 우리에게 모든 것을 후히 주사 누리게 하시는 하나님께 두며 선을 행하고 선한 사업을 많이 하고 나누어 주기를 좋아하며 너그러운 자가 되게 하라 이것이 장래에 자기를 위하여 좋은 터를 쌓아 참된 생명을 취하는 것이니라(딤전 6:17-19).

눈 = 몸의 등불

눈은 몸의 등불이니 그러므로 네 눈이 성하면 온몸이 밝을 것이요 눈이 나쁘면 온몸이 어두울 것이니 그러므로 네게 있는 빛이 어두우면 그 어둠이 얼마나 더하겠느냐(22-23절).

예수님은 눈을 '몸의 등불'(the lamp of the body)이라고 말씀하십니다. 로마 시대의 정치가요 철학자 키케로Cicero(주전 106~43)는 "얼굴은 마음의 그림이며, 눈은 그 그림의 해설자이다"(The face is a picture of the man as the eyes are its interpreter)라고 말했습니다. 눈을 '마음의 창문'(oculus animi index)이나 '영혼의 거울'(the mirror of the soul)이라고 말하는데, 마음과 영혼이 눈을 통해서 드러내기 때문입니다.

눈이 '몸의 등불'이라는 것은 몸이 하는 일이 눈에 달려 있다는 뜻입니다. 눈이 어두우면 몸의 모든 활동이 제약을 받습니다. 축구도 할 수 없고, 운전도 할 수 없고, 요리도 할 수 없습니다. 눈이 어두우면 몸 전체가 어둡게 됩니다. 눈이 성하면 온몸이 밝아지고, 성치 못하면 온몸이 어두워집니다.

'눈'은 세상을 보는 '시각'입니다. 세상을 보는 시각은 곧 "마음이 어디로 쏠리는가"의 문제이기에 '눈이 성하거나 성치 못하다는 것'은 "세상을 향한 우리 마음이 건강한가 병들어 있는가"의 문제입니다.

재물을 땅에 쌓아 두는 일에 집착한다면, 마음의 눈이 병들어 침침해졌기 때문일 것이며, 하늘에 쌓기를 기뻐한다면 영혼의 눈이 건강해서 세상을 환히 볼 수 있기 때문입니다. 눈이 좋아서 빛 가운데 보는 사람은 그 마음이 욕심에 빠지지 않고 하나님만 응시합니다.

하나님이냐, 맘몬이냐?

빛의 비유를 마무리하면서 예수님은 질문을 던지십니다.

> 그러므로 네 속에 있는 빛이 어두우면, 그 어둠이 얼마나 심하겠느
> 냐?(23b절)

재물을 보는 눈이 성해서 올바른 가치관을 갖게 되면 몸 전체가
환한 빛 가운데 있게 됩니다. 눈이 성치 못해 잘못된 가치관을 갖게
될 경우, 몸 전체는 빛을 잃고 어둠 속에서 헤매게 됩니다. "재물을
땅에 쌓느냐?" "하늘에 쌓느냐?"의 문제뿐만 아니라, 예수께서 다
음에 말씀하실 "하나님을 섬길 것이냐?" "재물을 섬길 것이냐?"의
문제 역시 재물을 보는 '눈'에 달려 있습니다.

예수님은 '두 주인'(two masters)의 비유를 드십니다.

> 한 사람이 두 주인을 섬기지 못할 것이니 혹 이를 미워하고 저를 사랑하
> 거나 혹 이를 중히 여기고 저를 경히 여김이라 너희가 하나님과 재물을
> 겸하여 섬기지 못하느니라(24절).

'주인들'(κυρίοι, 퀴리오이)은 많은 직원을 거느린 회사의 사장이나
회장을 말하는 것이 아닙니다. 노예를 합법적 재산으로 거느린 '노
예 주인들'(slave owners)입니다. 주인과 노예 관계에서 중요한 것은

'소유'와 '지배'입니다. 주인은 노예를 소유했기에 노예는 주인의 권위와 명령에 지배를 받을 수밖에 없습니다.

오늘날 대기업 사원들은 얼마든지 회장님이나 직속 상관 둘 다에 충성할 수 있지만, 예수님 시대의 노예는 주인만 섬겨야 했습니다. 주인에게 충성을 다하며 주인의 명령에 살고 죽어야 했습니다. 그리스도인 역시 '하나님'과 '재물' 둘 가운데 한 주인을 선택해야만 합니다.

우리말 '재물'(wealth)로 번역된 헬라어 원어는 'μαμωνᾶς'(맘모나스, Mammon)인데, 본뜻은 '어떤 사람이 확신을 거는 것'(something in which one puts confidence)을 말합니다. 인간이 가장 큰 확신을 걸며 의지하는 것은 '돈'과 '재산'이기에 맘몬은 일체의 '물질적 소유'(material possession)를 의미합니다.

유사 이래 인간이 가장 큰 우상으로 섬길 수 있는 대상은 '돈'입니다. 예수님은 주인과 노예 관계가 소유와 지배 관계인 한, 돈과 하나님을 동등한 주인으로 섬길 수 없다고 말씀하십니다. 돈과 하나님이라는 두 주인이 있을 때, 필연적으로 한쪽을 더 미워하거나 업신여기면서, 다른 한쪽을 더 사랑하거나 중히 여길 수밖에 없습니다. 동등하게 사랑과 충성을 바칠 수 없습니다. 하나님과 재물을 다 사랑해서 동등한 충성을 바치는 사람은 하나님에 대한 사랑이 그만큼 식었습니다. 하나님은 "우리의 마음을 다하고 뜻을 다하고 힘을 다하여"(신 6:5) 사랑해야 할 대상입니다.

나는 여호와이니 이는 내 이름이라 나는 내 영광을 다른 자에게, 내 찬
송을 우상에게 주지 아니하리라(사 42:8).

천국 시민으로 사는 그리스도인은 날마다 이것이냐 저것이냐의
양자택일 기로에 서 있습니다. 보물을 땅에 쌓을 것인지 하늘에 쌓
을 것인지, 마음을 바로 해서 눈이 밝아질 것인지 마음이 잘못돼서
눈이 흐려질 것인지, 하나님을 주인으로 섬길 것인지 재물을 주인
으로 섬길 것인지 선택해야만 합니다.

'중간지대'와 '양다리 걸치기'는 없습니다. 주일에는 하나님을 섬
기고 주중에는 돈을 섬긴다든지, 입술로는 하나님을 섬기되 마음으
로는 재물을 섬긴다든지 하나님과 돈을 각각 50%씩 반분해서 섬길
수 없습니다. 천국 시민은 우선순위를 분명히 해서 최고의 가치와
충성을 하늘에 계신 하나님께 두고 살아야 합니다. 하나님만이 최
고선과 영원성을 가지신 분으로서 예배와 헌신과 충성을 받기에 합
당하신 분인 까닭입니다.

10. 하물며 너희를?

〈마 6:25-34〉

염려로 날이 새고 저물고

예수님은 '보물과 빛과 종 비유'의 결론을 말씀하십니다.

> 그러므로 내가 너희에게 이르노니 목숨을 위하여 무엇을 먹을까 무엇을
> 마실까 몸을 위하여 무엇을 입을까 염려하지 말라(마 6:25a).

'그러므로'(διὰ τοῦτο, 디아 투토, therefore)라는 접속사는 예수께서
앞에서 말씀하신 세 비유의 결론을 맺으시겠다는 뜻입니다. 이 결
론부는 "염려하지 말라"(μὴ μεριμνᾶτε, 메 메림나테, do not worry)라는
대주제로 시작합니다.

"보물을 하늘에 쌓을 것이냐?" "땅에 쌓을 것이냐?"의 선택 문제
는 염려에 영향을 미칩니다. 보물을 땅에 쌓으려고 할 때마다 유지

하고 관리하는 문제에 신경을 써야 합니다. 땅에 쌓은 보물의 크기에 비례해서 걱정거리도 많아집니다. 그러나 보물을 하늘에 쌓을 때 마음이 단순하고 소박해져서 염려가 사라집니다.

눈이 성치 못해서 영혼이 어두워지면 귀한 것을 보지 못합니다. 눈이 안 좋은 만큼 영혼도 어둡게 될 것이고, 염려 또한 비례해서 많아집니다. 눈이 성해서 영혼이 빛으로 가득 차면 최고로 선한 것을 분별할 수 있기에 염려도 사라집니다.

재물에 충성을 다하다 보면 근심이 생깁니다. 그러나 한 분 하나님을 주인으로 섬길 때 근심에서 자유롭게 됩니다. 그러기에 예수께서 세 비유를 '염려'라는 주제와 관련해서 결론을 맺으신 것은 깊은 의미가 있습니다. 눈이 어두워져 하나님이 아닌 재물을 주인으로 섬기며 보물을 땅에 쌓는 삶은 염려로 날이 새고 날이 저물 것이 불을 보듯 뻔하기 때문입니다.

작은 근심에서부터 큰 근심에 이르기까지 이런저런 근심이 있습니다. 얼굴에 주름이 늘어나도 걱정, 흰머리가 늘어나도 걱정, 머리카락이 빠져도 걱정, 돈 걱정, 자식 걱정, 노후 걱정, 기후 걱정, 정치 걱정 등등 잡다한 걱정이 우리를 괴롭힙니다. 요즈음 가장 큰 걱정거리는 코로나바이러스입니다. 언제 어떻게 감염될지 알 수 없기에 전전긍긍합니다. 아침에 일어나서 밤에 잠자리에 누울 때까지 걱정거리가 그치지 않기에 걱정거리가 없으면 걱정거리가 없다는 것을 염려합니다. 아예 '염려' 그 자체를 염려하는 것이지요.

쓸데없는 염려

건설적인 염려가 있습니다. 학생이 일주일 후에 시험을 치를 때 걱정해야지만 열심히 공부해서 준비할 수 있습니다. 전혀 걱정하지 않는다면 시험을 잘 치르기 어렵습니다. 거룩한 염려도 있습니다. 영혼 구원과 교회의 안위를 염려한 바울 사도의 염려 같은 경우지요.

> 이 외의 일은 고사하고 아직도 날마다 내 속에 눌리는 일이 있으니 곧 모든 교회를 위하여 염려하는 것이라(고후 11:28).

건설적 걱정과 거룩한 걱정은 유익한 결과를 낳지만, 파괴적 걱정과 세속적 걱정은 어떤 유익도 주지 않습니다. 미국의 한 잡지에 따르면 우리가 꼭 해야만 하는 걱정은 2%밖에 되지 않습니다. 98%가 쓸데없는 걱정입니다.

40%	절대로 일어나지 않을 것들에 대한 걱정(Worries about the things that never happen)
35%	바꿀 수 없는 것들에 대한 걱정(Worries about the things that can't be changed)
15%	기대했던 것보다 더 나아질 것들에 대한 걱정(Worries about the things that turn out better than expected)
8%	아무 소용이 없는, 하찮은 걱정들(Useless & petty worries)

해봤자 아무 소용없는 걱정은 마치 안락의자(armchair)에 앉아

서 몸을 움직여도 앞으로 나아가지 않는 것과 같습니다. 기어를 중립에 놓고 계속 액셀러레이터를 밟아대는 것과도 같습니다. 자동차는 소리만 요란하고 매연만 내뿜을 뿐 한 치도 움직이지 않습니다. 백해무익한 염려를 예수님은 27절에서 하나의 질문으로 표현하십니다.

개역 개정	너희 중에 누가 염려함으로 그 키를 한 자라도 더할 수 있겠느냐.
새번역	너희 가운데서 누가, 걱정을 해서, 자기 수명을 한순간인들 늘일 수 있느냐?

개역 개정이 '키'(stature)로 번역한 헬라어 원어 'ἡλικία'(헬리키아)는 '수명'(age, span of life)을 의미할 수도 있습니다. '헬리키아'가 각각 다른 의미로 사용된 예는 다음과 같습니다.

눅 19:3	그[삭개오]가 예수께서 어떠한 사람인가 하여 보고자 하되 키(ἡλικία)가 작고 사람이 많아 할 수 없어.
히 11:11	믿음으로 사라 자신도 나이(ἡλικίας)가 많아 단산하였으나 잉태할 수 있는 힘을 얻었으니 이는 약속하신 이를 미쁘신 줄 알았음이라.

'헬리키아'를 '키'로 번역하든 '수명'으로 번역하든, 강조점은 동일합니다. 지금이야 인위적으로 신장이나 수명을 연장할 수 있지만, 예수님 시대의 신장과 수명은 인간의 통제 범위 밖에 있었습니다. 우리 힘으로 할 수 없는 일은 염려해봤자 시간 낭비요 에너지 손실이기에 하나님께 맡겨야 합니다. 예수께서 염려하지 말라고 훈계하실 때의 염려는 아무런 유익도 없이 영혼만 갉아먹는 염려입니다.

"목숨 VS. 음식", "몸 VS. 옷"

본문은 "염려하지 말라"고 세 차례나 말씀합니다(25, 31, 34절).
몸에 대한 삼중 염려를 경계합니다. "무엇을 먹을까, 무엇을 마실
까, 무엇을 입을까 염려하지 말라"는 것이지요(25절). 먹는 것과 마
시는 것과 입는 것은 '몸'과 관련됩니다. 예수님은 결코 몸의 중요성
을 경시하시지 않습니다. 영혼만큼이나 육신도 중요하기에 몸을 잘
보존하는 것은 필요합니다. 다만 몸의 보존에만 몰두해서 더 중요
한 가치를 놓치고 사는 것이 문제입니다. 오로지 먹고 마시고 입는 것
에만 신경을 쓴다면 인간의 가치는 동물 수준으로 격하될 것입니다.

예수님은 왜 이런 종류의 육적인 염려를 경계하시는 걸까요? 이
런 육적인 염려가 인생의 궁극적 목적이자 최고선이신 하나님께 집
중하지 못하도록 가로막기 때문입니다. 먹고 마시는 음식은 금방
상하고 옷도 좀이 먹어 해어질 수 있음에도 썩어 없어질 것들을 우
상으로 섬기며 조바심을 냅니다. 부질없는 염려는 불신앙의 문제입
니다. 하나님에 대한 신앙 부족으로 생기는 문제이기에 예수님은
세상일로 염려하는 사람들을 '믿음이 작은 자들'(people of little faith)
이라고 책망하십니다. 하나님께서 조달하시고 책임지시는데, 그것
을 믿지 않으니 염려가 생긴다는 것이지요.

왜 세상적인 일로 염려하는 대신에 하나님을 더 신뢰해야 할까
요? 예수님은 '황차(況且)논법'(a fortiori, 하물며, 얼마나 더)을 사용하십니
다. 첫째로 '더 큰 것'에서 '더 작은 것' 순으로 논증하십니다.

목숨이 음식보다 중하지 아니하며 몸이 의복보다 중하지 아니하냐(25b절).

　먹고 마시는 것을 염려하는 것은 목숨을 유지하기 위함입니다. 그러나 '먹고 마시는 것'이 '목숨'보다 더 중요하지는 않습니다. 몸을 덮어주는 '옷'보다 '몸'이 더 중요합니다. 목숨이 음식보다 더 중요하고, 몸이 의복보다 더 중요하다는 이 당연한 진리를 강조하는 이유는 뭘까요? 하나님께서 훨씬 더 중요한 '생명'과 '몸'을 돌보신다면 하물며 이보다 더 작은 것, 즉 '먹고 마시는 것'과 '입을 것'을 왜 책임져주시지 않겠느냐는 것입니다.

　둘째로 예수님은 동물과 식물 가운데 두 예를 드시면서 '더 작은 것'에서 '더 큰 것'을 비교하심으로써 염려의 무익함과 하나님에 대한 신뢰를 강조하십니다.

동물 (새)	공중의 새를 보라 심지도 않고 거두지도 않고 창고에 모아들이지도 아니하되 너희 하늘 아버지께서 기르시나니 너희는 이것들보다 귀하지 아니하냐(26절).
식물 (백합화)	또 너희가 어찌 의복을 위하여 염려하느냐 들의 **백합화**가 어떻게 자라는가 생각하여 보라 수고도 아니하고 길쌈도 아니하느니라 그러나 내가 너희에게 말하노니 솔로몬의 모든 영광으로도 입은 것이 이 꽃 하나만 같지 못하였느니라 오늘 있다가 내일 아궁이에 던져지는 들풀도 하나님이 이렇게 입히시거든 하물며 너희일까 보냐 믿음이 작은 자들아(28-30절).

　'먹고 마시고 입는 것'에 대한 삼위일체 염려를 불식시키고자 예수님은 인간보다 훨씬 더 낮은 수준의 피조물 두 종류의 예를 드십

니다. 먹고 마시는 음식에 대한 염려를 불식시키고자 '새'를 가리키십니다. 때마침 공중에는 새들이 떼를 지어 날아갔겠지요. 예수님은 공중의 새를 가리키며 시청각 교육을 하셨습니다.

새는 씨를 뿌리지도 않고 거두지도 않고 곳간에 모아들이지도 않으나, 하나님 아버지께서 기르십니다. 물론 새들은 스스로 씨앗을 먹거나 벌레를 잡아먹습니다. 가만히 놀면서 먹고 사는 것은 아닙니다. 새라고 해서 천년만년 오래 사는 것도 아닙니다. 덫에 걸릴 수도 있고 사냥꾼 총에 맞아서 죽을 수도 있습니다. 새라고 해서 '괴로움'에서 면제된 것은 아닙니다. 그러기에 예수님은 우리가 "새처럼 돼라"고 말씀하시지 않습니다. 새는 파종이나 추수를 하지 않더라도 인간은 식량을 얻기 위한 노동을 해야만 합니다.

예수님의 강조점은 새들이 먹고 사는 배후에 하나님의 섭리가 있다는 사실입니다. 하나님께서 인간보다 훨씬 더 미미한 새들까지도 먹고 마시게 하신다면, 하물며 하나님의 자녀는 두말할 필요가 없다는 것이지요.

식물 세계도 마찬가지입니다. '백합화'는 '아네모네'나 '양귀비'와 같은 타 종류의 꽃도 지칭할 수 있기에 들에 핀 꽃을 총칭한다고 볼 수 있습니다. 들꽃은 수고도 하지 않고, 길쌈도 하지 않습니다. 그러나 그 어떤 의상 디자이너가 만든 옷보다 더 화려한 총천연색 옷을 입고 있습니다. 솔로몬의 모든 영광보다도 더 화려합니다. 물론 꽃들도 강풍에 쓰러질 수 있고 사람이 꺾어서 시들 수 있습니다. 식물 세계에도 고난과 죽음이 닥칩니다. 그러기에 예수님은 우리가

"꽃처럼 돼라"고 말씀하시지 않습니다. 꽃은 수고도 하지 않고 길쌈도 않고 화려한 옷을 입지만, 인간은 옷을 입기 위해서 수고와 길쌈을 해야만 합니다.

예수님의 강조점은 꽃이 화려한 자태를 뽐내는 배후에 하나님의 은총과 섭리가 있다면, 하물며 꽃보다 훨씬 더 가치가 있는 인간은 두말할 필요가 없다는 데 있습니다. '오늘 있다가 내일 아궁이에 들어갈 들풀'도 하나님께서 이토록 예쁘게 옷을 입혀주신다면, 하물며 하나님의 자녀가 입고 사는 의복 때문에 걱정할 필요가 없다는 것입니다.

먼저 구해야 할 것

먹을 것과 마실 것, 입을 것과 같은 육적인 것을 염려하는 것은 하나님에 대한 불신앙에서 비롯됩니다.

믿음이 작은 자들아 그러므로 염려하여 이르기를 무엇을 먹을까 무엇을 마실까 무엇을 입을까 하지 말라 이는 다 이방인들이 구하는 것이라 너희 하늘 아버지께서 이 모든 것이 너희에게 있어야 할 줄을 아시느니라 (30b-32).

예수님은 새와 꽃을 예로 들어 하나님께서 말 못 하는 미물들에게도 먹고 마실 것, 입을 것을 허락하시는데, 하나님의 자녀인 그리스도인이 이런 육적이고 물질적인 것을 걱정한다면 그것은 하나님 없이 사는 이방인과 다를 바 없다고 말씀하십니다. 그리스도인은 이런 육적인 것을 뛰어넘어 영적인 것을 추구하며 살아야 합니다.

그런즉 너희는 먼저 그의 나라와 그의 의를 구하라 그리하면 이 모든 것을 너희에게 더하시리라(33절).

예수님은 결코 먹고 마실 것, 입을 것의 필요를 부인하시지 않습니다. 그러기에 "이 모든 것이 우리에게 필요하다는 것을 하늘 아버지께서 아신다"(32b)고 말씀하십니다. 주기도문에서도 "일용할 양식을 달라"고 기도할 것을 가르치십니다. 다만 우리가 구해야 할 '우선순위'(priorities)를 분명히 정해주시는 것뿐입니다. 제자는 먹고 마실 것, 입을 것과 같은 육적인 필요보다 '하나님의 나라'(the Kingdom of God)와 '하나님의 의'(God's righteousness)를 먼저 구해야만 합니다.

'하나님의 나라'는 예수 그리스도를 통한 하나님의 주권 통치가 실현된 상태를 의미합니다. 하나님께서 진정한 왕이 되셔서 우리를 다스리시고 우리는 겸손히 순종하는 가운데 하나님의 뜻을 이루는 상태이지요. '하나님의 의'는 '하나님의 나라'보다 범위가 더 큰 개념입니다. 하나님과 우리와의 바른 관계가 정립되는 종교적 의미의 '의'와 우리와 이웃과 바른 관계가 정립되는 윤리적 의미의 '의'를 다 포괄하는 개념입니다. '하나님의 의'야말로 올바른 신앙생활뿐만 아니라 정치 경제 문화 교육 전반에 걸친 정의와 평화를 포함합니다. 그러므로 이 사회가 좀 더 하나님의 나라에 근접하도록 행해야 할 여러 가지 사회적 책임이 그리스도인에게 있습니다.

산상수훈에서 예수께서 일관되게 가르치시는 것은 그리스도인이 바리새인이나 이방인을 불문하고 비그리스도인보다 더 나아야만 한다는 것입니다. '더 나은 의'를 추구하는 비범한 사람이 돼야만 한다는 것이지요. 세상 사람들이 재물을 주인으로 섬겨 보물을 땅에 쌓는 일에 집착하며 근심 걱정에 사로잡혀 산다면, 그리스도인들은 하나님을 주인으로 섬겨 보물을 하늘에 쌓아야 합니다. 육적이고 물질적인 것을 우상으로 섬기면서 그 우상을 만족시키고자 자나 깨나 염려에 사로잡혀서는 안 되고, 먼저 '하나님의 나라'와 '하나님의 의'를 구해야 합니다. 우선순위가 바로 정립될 때 하나님께서 우리의 육적이고 물질적인 필요, 즉 먹고 마시고 입는 필요를 다 채워주실 것입니다.

한 날의 괴로움은 그 날로

염려에 대한 예수님의 교훈에서 가장 돋보이는 구절은 결론인 34절입니다.

그러므로 내일 일을 위하여 염려하지 말라 내일 일은 내일이 염려할 것이요 한 날의 괴로움은 그 날로 족하니라(34절).

예수님은 지금까지 염려의 어리석음을 신학적 논리로 풀어내시다가 결론부에 와서 현실적인 말씀을 하십니다. 예수님은 오늘 우리에게 닥치는 '괴로움'(trouble)이 있듯이 내일에도 또 다른 괴로움이 생길 것을 아십니다. 하지만 내일 괴로움은 내일 걱정하면 된다고 말씀하십니다. 설령 내일 걱정거리가 있다고 할지라도 내일 걱정할 것을 오늘 앞당겨 미리 걱정하지 말라는 것입니다.

대부분의 염려는 코앞에 닥친 문제에 대한 것이 아니고, 앞으로 일어날 일을 앞당겨서 걱정하는 것입니다. 장래에 일어날 일을 미리 걱정할 때, 그때 가서 그 걱정한 일이 일어날 수도 있고 안 일어날 수도 있습니다. 설사 내일 그 일이 일어난다고 할지라도 그 일이 일어날 내일 딱 한 번만 걱정하면 되는데, 오늘 미리 걱정한다면 두 번 걱정하는 셈입니다. 미리 앞당겨서 한 한 번의 걱정은 우리의 심신을 소모하는 해로운 걱정입니다.

앞에서 말씀드린 통계가 보여주듯이 걱정하는 것들의 98%가 실제로 일어나지 않을 일에 대한 걱정이라고 한다면, 염려야말로 시간 낭비요 건강과 에너지 낭비입니다. 그러므로 예수님은 세상 염려에 대한 구체적인 처방으로서 오늘 걱정은 오늘로 끝내라고 단언하십니다.

날마다 우리를 엄습하는 염려에서 벗어날 수 있는 해결책을 예화를 들어 말씀드립니다.

어떤 홀어머니가 우산 파는 큰아들과 짚신 파는 둘째 아들 때문에 근심 걱정이 떠날 날이 하루도 없었습니다. 날씨가 화창하면 "아이고, 오늘 우산 파는 큰아들 우산 하나도 못 팔겠네" 걱정합니다. 그러다가 억수로 비가 쏟아지는 날에는 "아이고, 오늘 짚신 파는 둘째 아들 짚신 하나도 못 팔아 밥 굶겠네" 걱정이 태산입니다. 어차피 1년 365일이 날씨가 좋든지 굳든지 둘 중 하나이기 때문에 1년 내내 걱정이 떠나갈 날이 없습니다.

하지만 어머니가 관점과 태도를 바꾸면 1년 내내 감사할 거리가 그치지 않게 됩니다. 쨍쨍 햇빛이 내리비치는 날에는 "짚신 파는 둘째 아들 짚신 많이 팔아서 감사하네." 부슬부슬 비가 오는 날에는 "우산 파는 큰아들 우산 많이 팔아서 부자 되겠네." 늘 감사 거리가 떠나지 않을 것입니다.

그러므로 걱정거리가 엄습할 때마다 관점과 태도를 바꿔서 감사할 이유를 찾아봅니다. 걱정거리를 감사 거리로 전환하게 되면 신기하게도 걱정이 사라지고 마음에 평안이 찾아옵니다.

새도 공중에서 떨어질 수 있고, 들꽃도 강풍에 뿌리째 뽑힐 수 있기에 예수님은 피조 세계의 '괴로움'을 부인하시지 않습니다. 다만 먹고 사는 육적인 문제만을 지나치게 염려해서 훨씬 더 고귀한 영적 가치를 붙드는 데 실패하지 않기를 원하십니다. 산상수훈에서 예수께서 일관되게 가르치시는 교훈은 '삶의 우선순위를 재정돈하는 문제'입니다. 썩어질 것에 탐닉해서 전전긍긍하다가 허무한 일생을 마쳐서는 안 되고, 훨씬 더 가치 있는 하나님의 나라와 하나님의 의를 실현하는 삶을 살아야 합니다.

11. '티' VS. '들보'

〈마 7:1-6〉

독실한 제자가 빠지는 함정

천국 시민답게 살다 보면 자기도 모르게 빠지는 함정이 있습니다. 교만과 우월감이지요. 자신은 예수님이 정해주신 기준에 따라서 바로 사는데, 다른 사람들이 그 기준에 못 미치는 것처럼 생각됩니다. 그리하여 스스로 하나님 자리에 올라가 타인을 정죄하고 심판합니다. 이것은 세상 사람들보다 교회 안에서 함께 신앙 생활하는 형제자매들을 향해서 더 자주, 더 심하게 보이는 태도입니다.

예수님이 당부하신 대로 먼저 '하나님의 나라'와 '하나님의 의'를 구하며 살다 보면 어느 순간 '자기 의'에 빠집니다. 제자로 부름받은 형제자매 가운데 자기보다 덜 경건하고 덜 신실한 사람에게 상대적 우월감을 가집니다. 교회 밖 세상 사람들은 어차피 산상수훈에 무지하고 세상 방식대로 살아가니 비판해봤자 소용이 없습니다. 그러나 교회에서 자주 만나는 형제자매 가운데 자기만 못하다고 생각되는 사람을 함부로 비판할 수 있습니다.

산상수훈의 몸통이자 본론은 7:12의 '황금률'(Golden Rule)로 끝나는데, 그 앞의 7:1-11은 3가지 차원의 관계에서 제자들이 조심해야 할 사항을 말씀하십니다.

7:1-5	교회 안 형제자매들과의 관계에서 조심할 것
7:6	교회 밖 외부인들과의 관계에서 조심할 것
7:7-11	하나님과의 관계에서 명심할 것

교회 내부의 형제자매와의 관계에서 함부로 비판할 수 있다는 사실에 대해서는 1-5절까지 다섯 구절을 할애하는데, 외부인에 대한 말씀은 6절 딱 한 구절입니다. 그만큼 공동체 내부에서 형제가 형제에게 가혹한 비판을 쏟아내기 쉽다는 것이지요.

비판하지 말라

비판을 받지 아니하려거든 비판하지 말라 너희가 비판하는 그 비판으로 너희가 비판을 받을 것이요 너희가 헤아리는 그 헤아림으로 너희가 헤아림을 받을 것이니라(7:1-2).

종교적으로나 도덕적으로 우월감에 차 있는 사람이 흔히 보이는 태도는 '비판'입니다. 그래서 예수님은 "비판하지 말라"고 가르치십니다. 인간은 본성상 남의 비판을 달가워하지 않습니다. 건설적 비판도 수용하기 어려운데, 허물을 함부로 들춰내는 비판을 좋아할 사람은 없습니다. 예수님은 비판받기 싫어하는 인간의 본성을 아시고, 남에게 비판을 받지 않으려면 먼저 남을 비판하지 말라고 가르치십니다.

우리말 '비판'은 헬라어로 'κρίνω'(크리노)인데 광범위한 의미가 있습니다. '아름답거나 추하다'라는 심미적 판단에서부터 '선과 악과 정의와 불의를 구분하는' 윤리적 판단, 법정 소송에서의 판결에 이르기까지 문맥에 따라서 다양한 의미로 쓰입니다.

예수께서 "비판하지 말라"(Do not judge)고 하실 때의 의미는 무엇일까요? 먼저 건설적이고 창조적인 의미에서의 비판은 아닙니다. 학문을 비롯한 사회의 제반 영역이 발전하기 위해서는 건전한 비판이 필수적입니다. '진리'가 아닌 학설을 비판 없이 맹종할 경우, 사회 기반이 무너집니다. 심각한 악행을 저지르고 있는데도 그냥 방조할 경우, 당사자는 물론이고 주변 사람들까지 망합니다.

더 나은 방향으로 나아가기 위해서 하는 비판은 이웃에게 선익을 끼치기 위한 '윤리적 비판'(ethical judgment)입니다. '진리'와 '정의'를 수립하기 위해서 불가피한 비판이지요. 의사가 환자를 치료하기 위해 수술을 집도하듯이 이웃을 바로잡기 위해 죄를 책망하는 형태의 비판은 '의학적-치료적 비판'(medical-therapeutic judgment)입니다. 그러나 이런 건설적 비판조차도 비판을 받는 이웃을 더 잘 섬기기 위한 '사랑의 동기'로 하지 않으면 위험합니다. 당연히 예수님은 이런 종류의 선의의 비판은 금하지 않으십니다.

예수님이 비판하시는 비판은 종교적, 도덕적 우월감에 빠져 이웃을 함부로 정죄하고 심판하는 형태의 '검열관적 비판'(censorial judgment)입니다. 자신이 하나님 자리에 올라가 타인의 잘잘못을 심판하는 형태의 독선적 비판이지요. 이 경우 우리말로 '비판'(criticism)보다는 '정죄'(condemnation)와 '심판'(judgment)이 더 어울릴 것 같습니다. 예수께서 "비판하지 말라"고 하실 때 염두에 두신 비판은 이웃에게 유익을 주기 위한 선한 동기가 아닌, 헐뜯고 무너뜨리기 위한 비판이기에 예수님의 초점도 '비판의 대상'이 아닌, '비판의 본질'(the *nature* of the judgment)에 있습니다.

비판이 '하나님 노릇 하기'라는 부정적 의미라고 한다면, 예수님의 강조점은 형제자매를 함부로 정죄하거나 심판하는 자리에 앉지 말라는 데 있습니다. '정죄하는 태도'(judgemental attitude)를 취하지 말라는 것이지요. 예수님은 우리가 형제자매를 정죄하고 심판하는 자리에 앉아서 안 되는 이유 둘을 제시하십니다.

이웃을 심판해서 안 되는 이유는?	
① 우리가 남을 심판하는 그 심판으로 하나님과 이웃이 우리를 심판할 것이기 때문에	② 우리가 남을 헤아리는 그 '헤아림'(척도, measure)으로 우리가 헤아림을 받을 것이기 때문에

두 이유의 내용은 동일합니다. 우리가 남을 정죄하고 심판하는

'척도'(μέτρῳ, 메트로, measure, 길이를 측정한 'meter'가 '측량하다'는 의미의 'μετρέω', '메트레오'에서 왔습니다)가 있을 텐데, 그 척도가 하나님이나 이웃이 우리를 정죄하고 심판할 때도 부메랑이 돼서 똑같이 적용된다는 것입니다. 하나님이 우리를 평가하시는 척도는 '자비'와 '정의'입니다. 하나님께서 '정의의 척도'로 우리를 재단하시면 하나님 앞에서 떳떳하게 설 사람은 없습니다. 그러나 '정의의 척도'에는 못 미쳐도 '자비와 용서와 사랑의 척도'가 있기에 용납될 수 있습니다.

형제 가운데 누군가 거짓말을 자주 한다고 해서 '거짓말쟁이'라고 비판할 경우, '정의'라는 척도 하나로만 그를 재단해서 거짓말쟁이로 매도한다면, 하나님 역시 '정의'라는 척도 하나만으로 우리를 평가하실 텐데 아무도 하나님 앞에서 100% 정직하고 진실하다고 말할 수 없기에 남을 판단한 그 척도에 따라서 우리 역시 하나님에 의해 '거짓말쟁이'라는 판단을 받게 됩니다.

문제는 자신이 잘못을 저지를 때 언제나 "하나님이 이 정도는 용서해주시겠지" 하면서 '용서와 자비와 사랑의 은혜 잣대'를 적용하고, 다른 사람이 동일한 잘못을 저지를 때 '정의 잣대'를 한 치의 오차도 없이 들이밀려고 한다는 사실에 있습니다. 사람은 누구나 다 모자라기에 영적-도덕적 재판관 자리에 올라갈 수 없습니다. 무지나 교만으로 재판관 자리에 올라가 이웃을 정죄하고 심판한다면 우리역시 언젠가 피고인석으로 굴러떨어져 동일한 기준으로 심판을 받게 될 것입니다.

네가 어찌하여 네 형제를 비판하느냐 어찌하여 네 형제를 업신여기느냐 우리가 다 하나님의 심판대 앞에 서리라(롬 14:10).

'티' VS. '들보'

하나님의 심판대 앞에서 재판석이 아닌, 피고인석에 앉아야 할 우리가 재판관 노릇을 하는 모순을 예수님은 기막힌 비유 하나로 정리해주십니다.

어찌하여 형제의 눈 속에 있는 티는 보고 네 눈 속에 있는 들보는 깨닫지 못하느냐 보라 네 눈 속에 들보가 있는데 어찌하여 형제에게 말하기를 나로 네 눈 속에 있는 티를 빼게 하라 하겠느냐(3-4절).

그 유명한 '들보'(beam)와 '티'(speck)의 비유입니다. 어떤 사람은 '널빤지'(plank)와 '가시'(splinter)의 비유 혹은 '통나무'(log)와 '톱밥'(sawdust)의 비유라고 제목을 붙입니다. 제목이 어떠하든지 간에 의미는 같습니다. 자신에게 훨씬 더 큰 약점이 있는 것을 모르고, 남의 사소한 약점을 들춰내 고쳐주겠다고 나서는 우스꽝스러운 모습입니다. 타인의 눈에 있는 작은 티를 빼주겠다는 사람이 정작 자신의 두 눈을 가리는 거대한 들보를 보지 못하는 모순입니다.

어떤 사람이 형제의 눈에 박힌 작은 티 하나를 보고 빼주겠다고 나섭니다. 눈은 예민하기에 작은 이물질 하나라도 낄 때 따갑고 충

혈이 되고 눈물이 나서 시야를 가릴 수 있기에 티를 빼주겠다는 의도는 나쁘지 않습니다. 문제는 자기 눈의 들보를 깨닫지 못한다는 데 있습니다. 남의 눈에 있는 티를 보려면, 더군다나 발견한 그 티를 빼내 주려면 먼저 자신의 시야가 밝아야 하는데, 이 사람은 두 가지 모순에 빠져 있습니다.

① '자신의 눈 속에 있는 들보'는 보지 못하면서,
동시에 '남의 눈에 있는 티'를 볼 수 있을까?

② 먼저 '자신의 눈에 있는 들보'를 빼내지 못했음에도, 어떻게 '남의 눈에 있는 티'를 빼내 주겠다고 큰소리를 칠 수 있을까?

'비판하는 사람'은 '들보'를, '비판받는 사람'은 '티'를 가졌습니다. 상대편의 약점을 보고 고쳐주려면 먼저 밝히 볼 수 있어야 하는데, 양자의 형편이 뒤집혔습니다. 남의 눈의 티를 빼내 주려면 자신의 눈이 밝아야 하는데, 두 눈에 들보를 단 사람은 상대방을 볼래야 볼 수가 없습니다. 거꾸로 작은 티 하나가 눈에 낀 상대방이 들보를 눈에 단 사람보다 훨씬 더 잘 볼 수 있기에 들보를 빼줄 수 있습니다.

눈에 들보가 있는 사람이 상대편의 눈에 있는 티를 볼 수 없는데도 티를 빼주겠다고 나선 것은 자기가 직접 본 사실과 진실에 입각한 것이 아닙니다. '봤다고'(βλέπεις, 블레페이스, see)는 하지만, 정확히 본 것이 아니라 편견과 독단으로 티가 있으리라 추측하고, 나섰다고 볼 수밖에 없습니다.＊

'티'를 가진 사람이 '들보'를 단 사람보다 더 잘 볼 수 있습니다. 눈에 보이는 그대로 사실과 진실에 근거해서 들보를 제거해줄 수 있습니다. 그렇다면 '비판하는 자'와 '비판받는 자'의 자리가 뒤바뀌었습니다. '비판받는 사람'이 '비판하는 사람'을 비판할 처지인데, 거꾸로입니다. '내로남불', 즉 '내가 하면 로맨스고 남이 하면 불륜'이라는 말이 꼭 이를 두고 한 말입니다. "똥 묻은 개가 겨 묻은 개 나무란다"라는 속담도 같은 뜻입니다.

사실과 진실을 정확히 알지도 못한 채 편견과 독단으로 상대편에게 약점이 있으려니 추측하고 비판하겠다고 나섰는데, 객관적인 사실이나 진실을 놓고 볼 때 되려 자신이 비판받아야 할 약점이 훨씬 더 큽니다. 그러므로 남의 티를 빼내 주려면 먼저 자신의 들보부터 제거해야 합니다. 먼저 자신의 큰 잘못을 바로잡은 뒤에야 형제의 사소한 잘못을 바로잡을 수 있습니다.

외식하는 자여 먼저 네 눈 속에서 들보를 빼어라 그 후에야 밝히 보고 형제의 눈 속에서 티를 빼리라(5절).

---

* 3절의 '보다'는 헬라어 'βλέπω, 블레포'의 2인칭 단수 현재형 동사 'βλέπεις, 블레페이스'/'you see'로 돼 있지만, 5절에서 들보를 제거한 뒤에 '밝히 보다'는 미래형 'δια-βλέψεις, 디아블렙세이스'로 돼 있습니다. 'δια'가 영어로 'through'이니 철저히 '꿰뚫어 볼 것이다'/'will see through'라는 의미입니다. 들보를 제거한 뒤에 더 확실히 똑똑히 보게 될 것이라는 뜻이지요.

자기의 들보는 보지 못하고 남의 티를 보고 제거해주겠다고 나선 사람을 예수님은 '외식하는 자'(ὑποκριτά, 휘포크리타, hypocrite), 즉 '가면을 쓰고 연극 하는 위선자'로 힐난하십니다. 위선자가 해야 할 가장 시급한 일은 들보를 빼내는 것입니다. 그런 뒤에야 눈이 밝아져 형제의 티를 밝히 보고(διαβλέψεις) 빼줄 수 있습니다.

어떤 목사님이 「가이드포스트」(Guidepost)에 실린 이야기를 설교집에서 인용한 것을 재인용합니다. 한 가정주부가 오후에 한가할 때면 아파트 응접실에 나와 차를 마시거나 신문을 읽으면서 시간을 보냈습니다. 좁은 골목길을 사이에 두고 아파트끼리 마주 보고 있었기에 건너편 아파트의 응접실이 한눈에 들어왔습니다. 고상해 보이는 부인이 바느질하거나 책을 읽는 모습이 보였습니다.

어느 날 건너편 아파트가 흐릿하게 잘 보이지 않습니다. 이 여자는 건너편 집 여자를 향해 혼잣말로 투덜거렸습니다. "웬 여편네가 창문이나 제대로 닦고 책을 읽든지 바느질을 하든지 할 것이지. 저렇게 게을러서 책만 읽으면 뭘 하나?"

2주 정도가 지나 이쪽 여자가 봄맞이 대청소를 했습니다. 창문을 반짝반짝 윤이 나게 깨끗이 닦았습니다. 그런 뒤에 건너편을 바라봤더니 그 집 응접실이 선명하게 보였습니다. 그 순간 상대편이 게으르다고 비판한 여인이 부끄러움을 느꼈습니다. "아, 저 집이 창문을 닦지 않아서가 아니라, 내가 창문을 제대로 닦지 않아서 희미하게 보였구나!"

종종 이런 실수를 저지르는 것이 우리의 모습인데 티와 들보의 비유는 상대편의 약점을 비판해서 교정하겠다는 생각을 가질 때마다 먼저 자신을 돌아보라는 지혜를 줍니다.

'거룩한 것' VS. '개', '진주' VS. '돼지'

교회 안의 형제자매를 비판하는 것을 경계하신 예수님은 갑자기 6절에서 알쏭달쏭 이해하기 어려운 과격한 말씀을 하십니다. 독설에 가깝습니다.

개역 개정	**거룩한 것**을 **개**에게 주지 말며 너희 **진주**를 **돼지** 앞에 던지지 말라 그들이 그것을 발로 밟고 돌이켜 너희를 찢어 상하게 할까 염려하라.
새번역	거룩한 것을 개에게 주지 말고, 너희의 진주를 돼지 앞에 던지지 말아라. 그들이 발로 그것을 짓밟고, 되돌아서서, 너희를 물어뜯을지도 모른다.
NRSV	Do not give what is holy to dogs; and do not throw your pearls before swine, or they will trample them under foot and turn and maul you.

예수님이 바리새인들을 '회칠한 무덤'(마 23:27), '뱀들', '독사의 새끼들'(마 23:33)로 부르시고, 헤롯 임금을 '저 여우'(눅 13:32)라고 혹평하신 적은 있지만, 남을 비판하지 말라고 말씀하신 뒤 곧바로 엄청난 비판처럼 들리는 독설을 하신 것은 이채롭습니다. 어쩌면 꼭 필요한 비판과 책망은 해야만 한다는 사실을 보여주고자 일종의

'균형'을 잡고자 이 말씀을 주신 것으로 볼 수 있습니다.

'개'와 '돼지'는 이스라엘뿐만 아니라 전 세계적으로 경멸받는 짐승의 대명사입니다. 예수님 시대에는 집에서 기르는 애완용 개가 없었으므로 여기에서의 개는 사나운 들개를 말합니다. 부정한 짐승의 대명사 돼지는 유대인들이 극도로 혐오한 동물입니다.

> 참된 속담에 이르기를 개가 그 토하였던 것에 돌아가고 돼지가 씻었다가 더러운 구덩이에 도로 누웠다 하는 말이 그들에게 응하였도다(벧후 2:22).

불신자에게 육적이고 동물적인 생명은 있지만, 영적인 생명은 없다는 사실을 꼬집는 말씀이지요. 본문의 '개'와 '돼지'는 무엇을 의미하고, '거룩한 것'과 '진주'는 또 무엇을 상징할까요?

① '거룩한 것' → '개'에게 주지 말라!
② '진주' → '돼지' 앞에 던지지 말라!
③ 왜? → '개'와 '돼지'가 발로 그것('거룩한 것'과 '진주')을 짓밟고, 되돌아서서, 너희를 물어뜯을지도 모르기 때문이다.

'개'와 '돼지'에는 공통점이 둘 있습니다. 첫째로 '거룩한 것'과 '진주'의 가치에 전적으로 무지합니다. 여기에서 진주는 보석의 여왕으로 불린 천연 진주로서 엄청나게 값비싼 보석인데, 개와 돼지

는 그 가치를 전혀 모릅니다. 둘째로 사납고 공격적입니다. 가치를 모르는 것까지는 좋은데, 짓밟고 물어뜯기조차 합니다. 뭔가 먹을 것을 툭 던져주니까 잽싸게 덮쳤는데, 씹어보니 딱딱하고 맛이 없습니다. 격분한 개와 돼지는 진주를 내뱉고, 진주를 던져준 사람을 물어뜯기조차 합니다.

이 비유는 복음을 전할 때 불신자들의 무례한 반응을 떠올리게 합니다. 복음을 듣고서 구원받을 기회가 주어졌지만, 복음을 거부하고 복음을 욕되게 할 뿐 아니라 복음 전도자들을 가혹하게 박해하는 '적敵그리스도적'(anti-Christian) 무리를 연상시킵니다.

복음 전도자는 세상에서 가장 거룩하고 가장 찬란한 진주를 선사했습니다. 자갈을 준 것이 아닙니다. 가장 거룩하고 가장 값비싼 복음을 선물로 준 것이지요. 그러나 상대편이 개나 돼지와 다를 바 없어서 복음의 가치를 모르고 짓밟을 뿐 아니라 복음을 전하는 사람을 마구 박해합니다. 그러기에 복음의 가치에 무지하고 복음을 배척하는 사람에게는 미련 없이 돌아서라는 교훈입니다. 발에 묻은 먼지를 떨라는 것이지요(마 10:14; 막 6:11; 눅 9:5, 10:11).

복음 전도자는 자신을 위해서가 아니라, 복음을 배척하는 당사자를 위해서 그렇게 해야 합니다. 그 사람이 복음의 가치를 전혀 모르기 때문에 거룩하고 찬란한 것을 더럽고 무가치한 것으로 떨어뜨릴 뿐 아니라, 자기를 구원의 길로 이끌어주려는 전도자를 핍박하는 '대죄大罪'(mortal sin)를 짓지 않게 하기 위해서입니다. 복음 전파자보다도 복음을 배척하는 사람이 더 큰 화를 입는 것을 방지하기 위해서 그렇게 해야 한다는 것이지요. 부적절한 복음 전도 상황에 대한 예수님의 교훈은 선교 여행에 나선 열두 제자들에게 주신 교훈에서도 그대로 되풀이됩니다.

> 누구든지 너희를 영접하지도 아니하고 너희 말을 듣지도 아니하거든 그 집이나 성에서 나가 너희 발의 먼지를 떨어 버리라(마 10:14).

복음은 너무나 거룩하고 도무지 값을 매길 수 없을 정도로 고귀하기에 함부로 무분별하게 다뤄서는 안 됩니다. 개와 돼지와 같이 복음을 값싸게 만드는 사람을 분별해내야 합니다.

물론 **누구에게나 끝까지** 복음을 전해야 하겠지만, 예수님이 염두에 두신 사람들은 '단지 부적절하고 받을 자격이 없는 불신자들'이 아니라, '치유할 수 없을 정도로 복음에 적대적인 사람들', 즉 '박해자들'이나 '이단들', '배교자들'일 것입니다. 그러므로 우리는 복음이 전파되는 상황과 복음을 듣는 사람들의 반응을 잘 분별해서 슬기롭고 책임 있게 복음을 전해야 합니다.

12. 기도를 왜, 어떻게?

〈마 7:7-12〉

왜 기도를?

산상수훈의 본론, 즉 윤리 교훈의 몸통부는 5:17-7:12입니다. '수미상관법'(inclusio) 구조 때문입니다. 본론이 시작되는 5:17과 끝나는 7:12에 '율법'(the law)과 '선지자'(the prophets), 즉 구약의 두 기둥 '율법서'와 '선지서'가 나란히 등장합니다.

5:17	내가 **율법**이나 **선지자**를 폐하러 온 줄로 생각하지 말라 폐하러 온 것이 아니요 완전하게 하려 함이라.
7:12	그러므로 무엇이든지 남에게 대접을 받고자 하는 대로 너희도 남을 대접하라 이것이 **율법**이요 **선지자**니라.

예수님 시대에는 신약이 없었으므로 '율법'과 '선지자'는 구약을

일컫습니다. 산상수훈의 윤리 교훈은 예수께서 '구약'의 결핍을 '신약'의 복음으로 완성하기 위해 오셨다는 선언으로 시작해서 그 유명한 '황금률'(the Golden Rule)로 끝나는데, 그 사이에 제자들이 실천해야 할 다양한 윤리 지침들이 끼어 있습니다.

예수님은 몸통부에서 다양한 윤리 교훈을 제시해오셨습니다. 먼저 5장에서 '율법'과 '분노', '간음'과 '이혼', '맹세'에 대한 교훈, '비폭력 비보복'과 '원수 사랑'에 대한 교훈을 제시하셨습니다.

6장에서는 '구제'와 '기도'와 '금식'이 어떻게 해야지만 하나님께서 인정하시고 상주시는 올바른 경건 행위가 될 수 있는지를 가르치셨습니다. 그런 후에 '보물 쌓기'와 '눈과 빛', '주인과 종'의 비유를 통해 영원한 가치를 지닌 하나님과 하나님의 나라에 소망을 두라고 권고하셨습니다. 천국 시민으로 사는 제자들이 먹고 마시고 입는 육적인 문제에 지나치게 염려하는 것을 경계하시면서 먼저 '하나님의 나라'와 '하나님의 의'를 구하라고 하셨습니다.

7장에 와서는 천국 시민답게 올곧은 제자의 삶을 사는 이가 빠질 수 있는 함정, 즉 '형제 비판'을 경계하시고, 복음의 가치를 모르고 복음 전도자를 박해하는 적그리스도적인 외부인들을 잘 분별하는 지혜를 갖추라고 말씀하셨습니다. 비판은 교회 안의 형제자매들과의 관계에서 조심해야 할 내용이고, 거룩하고 진주와 같이 보배로운 복음에 개나 돼지처럼 반응하는 사람들에 대한 분별력은 외부인들과의 관계이고, 끈질기게 기도할 것을 가르치는 본문은 우리와 하나님과의 관계에 관한 교훈입니다. 산상수훈의 본론이 종결되기 직전의 7장 초반부(1-11절)는 이처럼 세 가지 중요한 관계 차원을 설파합니다.

예수님은 6장에서 '주님의 기도'를 통해 기도하는 방법과 기도의 내용을 친히 가르쳐주셨습니다. 그런데 갑자기 본론이 끝나기 직전에 또 한 차례 기도를 강조하신 이유는 무엇일까요? 그것은 산상수훈 전체의 교훈과 특별히 5:17-7:7까지의 윤리 지침이 우리가 기도하지 않고서는 도저히 이룰 수 없기 때문입니다. 지금까지의 가르침이 "먼저 하나님의 나라와 하나님의 의를 구하라"로 요약된다면 이것은 우리 힘만으로는 이룰 수 없습니다. 절박하고 끈질기게 기도할 때만 가능합니다. 산상수훈 전체가 인간의 지혜와 능력으로 감당할 수 없는 고난도高難度의 윤리 강령이기에 하나님께 기도하지 않을 수 없습니다.

기도는 불필요한가?

기도가 중요함에도 오늘날 점점 더 많은 사람이 심지어 그리스도인들조차도 기도가 불필요하다고 생각합니다. 과학 기술이 판치는 시대에 기도는 무익하다며 갖가지 이의를 제기합니다.

가령 하나님이 우리가 구하기 전에 우리의 필요를 미리 다 아신다면 군이 기도할 필요가 있을까? 만일 필요하다면 기도는 우리의 필요를 놓고 하나님과 '밀당'(밀고 당기기)을 하면서 하나님을 설득하는 과정이란 말인가? 기도하지 않고서도 세상이 척척 잘도 굴러가

는데, 왜 기도해야 하나? 세상 사람들은 기도하지 않고서도 자신의
수고와 요행_{僥倖}으로 원하는 것을 얻어내는데, 그리스도인이 기도한
다고 해서 원하는 것을 다 얻는 것은 아니지 않은가? '기도하는 사
람'과 '안 하는 사람'의 차이가 무엇일까?

이런 형태의 비판적 이의 제기는 열심히 기도하는 사람의 기도
제목이 응답되지 않을 때 더욱더 과격해집니다. 자녀가 명문 학교
에 가게 해달라고 열심히 기도했는데 불합격이 됐고 기도하지 않은
집 자녀는 합격했다고 할 때, 과연 기도가 무슨 차이를 불러오는지
심각하게 의심합니다.

그렇다면 우리의 지혜와 능력으로 할 수 있는 일은 자신의 힘으
로 하고, 능력 밖에 있는 일만 놓고 하나님께 기도해야 하는 것은
아닐까요? 예컨대 현대의학으로 고칠 수 없는 말기 암과 같은 '한계
상황'(boundary situation)에는 하나님께 기도할 필요가 있겠지만, 자
녀가 대학에 진학하거나 취업하는 문제 같은 것은 기도하지 않고
자신의 노력에 맡겨야 하는 것은 아닐까요?

ASK

기도에 관한 이런 종류의 의심과 비판을 염두에 두고 예수님의
말씀을 들어봐야 하겠습니다. 7-8절에서 예수님은 먼저 '세 가지
무조건적 약속'에 근거해서 '세 가지 기도 명령'을 하십니다.

7절	① 구하라 → 그리하면 너희에게 주실 것이요(Ask, and it will be given you)
	② 찾으라 → 그리하면 찾아낼 것이요(search/seek, and you will find)
	③ 문을 두드리라 → 그리하면 너희에게 열릴 것이니(knock, and the door will be opened for you)
8절	① 구하는 이마다 → 받을 것이요(everyone who asks receives)
	② 찾는 이는 → 찾아낼 것이요(everyone who searches finds)
	③ 두드리는 이에게는 → 열릴 것이니라(everyone who knocks, the door will be opened)

기도에 관한 예수님의 3가지 명령을 영어의 '첫 글자'(Ask + Search/Seek + Knock)를 따서 흔히 'ASK'로 표현합니다. 순서상 먼저 '구하고', 그다음에 '찾고', 마지막으로 '두드리라'고 해석하기도 합니다. 그 강도가 점점 커지는 크레센도crescendo, 즉 점층법적으로 풀이하는 것이지요. 예컨대 어린아이가 엄마가 눈에 보이는 곳에 있으면 '구하고', 눈에 보이지 않으면 '찾고', 방 안에 있지만 접근하기 어려우면 '문을 두드리라'고 해석합니다.

그러나 셋은 기도의 다른 표현에 불과하고 세 동사는 헬라어로 모두 현재 시제 명령법으로 돼 있습니다. '기도하라'는 내용을 세 가지 다른 표현으로 연속적으로 강조하는 것은 그만큼 절박한 심정으로 기도하라는 뜻입니다.

하나님을 두려워하지 않고 사람을 무시하는 악질 재판관에게 자신의 억울한 사정을 풀어달라고 간청하는 과부의 자세가 구하고 찾고 두드리는 모습입니다.

이 과부가 나를 번거롭게 하니 내가 그 원한을 풀어 주리라 그렇지 않으면 늘 와서 나를 괴롭게 하리라 하였느니라(눅 18:5).

한밤중에 갑자기 손님이 찾아왔습니다. 빵이 떨어져서 손님 대접을 할 수 없습니다. 온종일 먼 길을 걸어 찾아온 손님을 굶길 수가 없어서 염치 불고하고 옆에 사는 친구 집을 찾아갑니다. 벌써 불이 꺼져 식구들이 잠자리에 들었습니다. 그러나 이 사람이 손님을 접대하기 위한 일념으로 계속 구하고 찾고 문을 두드리자, 친구는 온갖 불쾌함을 무릅쓰고 소원을 들어줍니다.

내가 너희에게 말하노니 비록 벗 됨으로 인하여서는 일어나서 주지 아니할지라도 그 간청함을 인하여 일어나 그 요구대로 주리라(눅 11:8).

악한 아버지라고 할지라도

예수님은 비유를 들어 '지상의 아버지'와 '천상의 아버지'를 대조하시면서 '우리의 끈질긴 기도'에서 '하나님의 선하심'으로 방향을 전환하십니다.

너희 중에 누가 아들이 떡을 달라 하는데 돌을 주며 생선을 달라 하는데 뱀을 줄 사람이 있겠느냐(9-10절).

갈릴리 호수 주변 사람들의 주식은 '빵'과 '생선'입니다. 이런 이유로 오병이어의 기적도 빵과 생선으로 무리를 배불리 먹인 이야기입니다. 팔레스타인 땅에 굴러다니는 돌멩이는 겉모양이 빵과 흡사합니다. 아들이 '빵'을 달라고 하는데, 겉모양만 닮았다고 해서 '돌'을 줄 아버지는 없습니다. 생선 역시 장어류의 경우, 뱀과 비슷합니다. 아들이 '생선'을 달라고 하는데, 징그러운 '뱀'을 줄 아버지도 없습니다. 아들이 유익한 것을 달라고 하는데, 해로운 것을 줄 아버지는 없다는 것이지요. 예수님은 인간의 부성애와 인지상정을 강조하신 뒤, '황차 논법'(하물며, how much more)을 사용하십니다.

너희가 악한 자라도 좋은 것으로 자식에게 줄 줄 알거든 하물며 하늘에 계신 너희 아버지께서 구하는 자에게 좋은 것으로 주시지 않겠느냐(11절).

세상의 좋은 아버지는 당연히 자식들에게 좋은 것을 줍니다. 나쁜 아버지일지라도 자기 자식들에게만큼은 좋은 것을 주려고 합니다. 사악한 아버지라고 할지라도 자식에게는 좋은 것을 주려고 한다면, 하물며 '하늘에 계신 아버지 하나님'은 자녀들이 기도할 때 당연히 좋은 것을 주십니다.

예수님은 꾸준히 기도해야 할 당위성으로 '하나님 아버지의 선

하심'을 강조하십니다. 끈질기게 구하고 찾고 두드려야 하는 이유
는 기도를 들으시는 아버지 하나님이 자녀들에게 가장 좋은 것이
무엇인지를 아시고 주기 원하시는 '좋으신 하나님'이기 때문입니다.

내가 원하는 그것을 남에게도

예수님은 12절에서 18세기 이후 '황금률'로 불리게 된 성경의
대원리로 산상수훈 본론의 결론을 내리십니다.

개역 개정	그러므로 무엇이든지 남에게 대접을 받고자 하는 대로 너희도 남을 대접하라 이것이 율법이요 선지자니라.
새번역	그러므로 너희는 무엇이든지, 남에게 대접을 받고자 하는 대로, 너희도 남을 대접하여라. 이것이 율법과 예언서의 본뜻이다.
공동 번역	너희는 남에게서 바라는 대로 남에게 해주어라. 이것이 율법과 예언서의 정신이다.
NRSV	In everything do to others as you would have them do to you; for this is the law and the prophets.

'그러므로'(οὖν, 운, therefore)라는 접속 부사는 12절이 앞에서 말
씀하신 내용의 결론임을 말해 줍니다. 넓게는 5:17부터 시작된 본
론의 결론이며, 좁게는 7:1-11의 결론으로 볼 수 있습니다. 전후
문맥이나 내용으로 볼 때 5:17-7:11까지 본론 전체의 결론으로 보
는 것이 더 타당합니다. 그 이유는 예수께서 복음으로 율법과 예언

을 완성하시기 때문에(5:17), 율법과 예언을 요약한 황금률로 결론을 내리시는 것이 자연스럽기 때문입니다.

황금률은 예수님만 말씀하신 내용은 아닙니다. 공자孔子(주전 551~479)도 『논어論語』에서 이런 말을 했습니다.

내가 원하지 않는 바를 남에게 하지 말라(己所不欲勿施於人).

유대교 랍비 힐렐Hillel Ha-Zaken(주전 60~주후 20)도 이런 말을 했습니다.

당신에게 싫은 일은 이웃에게 하지 마십시오. 이것이 율법 전부이고, 다른 것은 그것에 대한 주석에 지나지 않습니다(What is hateful to you, do not do to your neighbor: that is the whole Torah, while the rest is commentary thereon).

예수께서 말씀하신 황금률과 유사한 황금률이 고대 문헌 곳곳에 보이지만, 둘 사이에는 뚜렷한 차이가 있습니다. 예수님의 황금률이 **긍정형**으로 돼 있다면, 다른 황금률들은 주로 **부정형**으로 돼 있습니다.

부정형 황금률의 요점은 "내가 싫어하는 것을 다른 사람에게 행하지 말라"는 데 있습니다. 도둑질당하는 것이 싫으면, 다른 사람의 물건도 도둑질하지 말라는 것입니다. 남이 무례하게 욕설을 퍼붓는 것이 싫으면, 다른 사람에게도 욕을 해서 안 됩니다.

부정형 황금률은 자기나 남을 불문하고 함부로 쓰레기 투척하는 것 자체를 싫어하기에, 쓰레기를 버리지 않습니다. 그리하여 남이 버린 쓰레기를 볼 때마다 자신은 쓰레기를 버리지 않았다는 사실 하나만으로 만족합니다. 문제는 쓰레기를 주우려고 하지 않는다는 소극적 태도에 있습니다. 쓰레기를 버리지 않은 것은 잘했지만, 쓰레기를 주우려는 노력은 하지 않습니다.

부정형 황금률 정신으로는 자신과 세상의 변화를 불러올 수 없습니다. 세상은 여전히 쓰레기가 넘쳐나고, 하나도 달라지는 것이 없습니다. 부정형 황금률은 이웃에게 해악을 끼치지는 않지만, 악한 현실에서 도피해서 소극적 '은둔'(seclusion)이나 '퇴행'(regression)으로 빠집니다. 싫어하는 것을 남에게 하지 않았다는 사실 하나만으로 자위하는 '무행위'(inaction)로 그치고 마는 것이지요. 긍정형 황금률은 쓰레기를 버리지 않은 사실 하나로만 만족하지 않고, 쓰레기를 줍는 적극적 선행으로 나아갑니다. 세상을 좀 더 깨끗하게 만드는 수준까지 전진합니다.

황금률은 "나라면 원하는 것이 무엇일까?"(WWIW/What would I want?)를 항상 고려하면서 자신이 원하는 그것을 다른 사람에게도 행하는 정신과 태도입니다. 상대편이 나에게 해줬으면 하는 것을 내가 먼저 그에게 합니다. '자발적 주도권'(voluntary initiative)이 자신에게 있습니다.*

---

* "가는 정이 있어야 오는 정이 있다" 혹은 "가는 말이 고와야 오는 말이 곱다"라는 속담

황금률을 실천할 때 조심해야 할 것이 있습니다. 원하는 것을 남이 나에게 똑같이 해주기를 기대하면서 선행을 베푸는 것입니다. 보상을 기대한다는 말이지요. 칭찬받고 싶은 마음이 있어서 누군가를 먼저 칭찬할 때, 그 사람도 보답하듯이 똑같이 나를 칭찬해줄 것을 기대하면서 칭찬하는 것은 황금률의 정신이 아닙니다. 보상을 기대하는 식으로 황금률을 적용한다면 그것은 '주고받기'(Give & Take, 물물교환) 식의 사심(私心, 邪心)을 품은 상업적 거래로 그칠 것입니다.

내가 먼저 베푼 '호의'를 상대방이 '악의'로 갚는다고 할지라도 황금률을 포기해서는 안 됩니다. 구세주이자 스승이신 예수께서 일생 황금률 정신의 본을 보여주셨기에 제자는 스승을 닮아야만 합니다. 무엇보다 황금률이 성경 전체의 근본정신을 요약하기에 실천해야 합니다.

황금률은 "네 이웃을 네 몸처럼 사랑하라"(레 19:18; 마 22:39)는 원리입니다. 중요한 것은 '먼저 자기 몸을 사랑하듯이' 이웃을 사랑하는 정신입니다. 누구나 다 자기 몸에 대한 보호 본능이 있습니다. 미세한 먼지가 눈에 들어와도 막아내려고 안간힘을 다합니다. 몸을 아끼고 사랑하는 것은 인간의 본능입니다. 먼저 자기 몸부터 챙기는 정신으로 이웃을 사랑한다면 언제나 이웃에게 '해악'이 아닌, '선익'을 끼치려고 할 것입니다. 예수께서 가르치신 '자발적이고 주도적인 이웃 사랑의 정신'인 황금률은 바울 사도에게 그대로 계승됐

의 순서도 '내 쪽'에서 '다른 쪽'으로 가는 것이 먼저입니다.

습니다.

롬 13:9-10	간음하지 말라, 살인하지 말라, 도둑질하지 말라, 탐내지 말라 한 것과 그 외에 다른 계명이 있을지라도 네 이웃을 네 자신과 같이 사랑하라 하신 그 말씀 가운데 다 들었느니라 **사랑은 이웃에게 악을 행하지 아니하나니 그러므로 사랑은 율법의 완성이니라.**
갈 5:14	온 율법은 **네 이웃 사랑하기를 네 자신 같이 하라** 하신 한 말씀에서 이루어졌나니.

예수님은 황금률의 원리를 '무엇이든지' 가리지 말고 적용하라고 가르치십니다. '무엇이든지'는 헬라어로 'Πάντα'(판타), '모든 것'(everything)이라는 뜻입니다. 황금률 원리는 특정 영역에만 국한되지 않고, 우리 삶의 전 영역에 적용돼야 합니다.

13. 둘 중에 어느 것을? (1)

〈마 7:13-20〉

두 갈래 길 앞에서

산상수훈의 본론은 7:12에서 끝났고, 이제 대단원의 막을 내려야 할 때입니다. 흔히 7:13-27을 산상수훈의 결론부로 봅니다. 결론부는 예수께서 지금까지 말씀해오신 산상수훈을 청중이 삶의 현장에 적용할 것을 권고하십니다. 예수님은 이 현실 적용을 "둘 가운데 하나를 선택하라"는 형식으로 풀어나가십니다. "둘 중 하나를 선택하라"는 명령형은 구약의 전형적인 수사법입니다.

신 30:15-20	보라 내가 오늘 **생명과 복**과 **사망과 화**를 네 앞에 두었나니 곧 내가 오늘 네게 명령하여 네 하나님 여호와를 사랑하고 그 모든 길로 행하며 그의 명령과 규례와 법도를 지키라 하는 것이라 그리하면 네가 생존하며 번성할 것이요… 그러나 네가 만일 마음을 돌이켜 듣지 아니하고 유혹을 받아 다른 신들에게 절하고 그를 섬기면

	내가 오늘 너희에게 선언하노니 너희가 반드시 망할 것이라… 내가 **생명**과 **사망**과 **복**과 **저주**를 네 앞에 두었은즉 너와 네 자손이 살기 위하여 생명을 택하고 네 하나님 여호와를 사랑하고 그의 말씀을 청종하며 또 그를 의지하라….
렘 21:8	여호와께서 말씀하시기를 보라 내가 너희 앞에 **생명의 길과 사망의 길**을 두었노라 너는 이 백성에게 전하라 하셨느니라.
잠 28:18	**성실하게 행하는 자**는 구원을 받을 것이나 **굽은 길로 행하는 자**는 곧 넘어지리라.

예수님은 구약에 자주 등장하는 양자택일의 수사법을 활용해서 네 세트로 된 선택 가능성을 제시하시면서, 청중이 그중에 하나를 선택할 것을 요구하십니다. 둘 다 붙들 수 없고, 그렇다고 해서 반반씩을 붙든 채 적당히 절충할 수도 없습니다.

① 두 개의 길 (7:13-14)	좁은 문 VS. 넓은 문	좁은 문: 생명으로 이끄는 문 → 너무나 좁고 **길**이 협착하여 찾는 이가 적다.
	좁은 길 VS. 넓은 길	넓은 문: 멸망으로 이끄는 문 → 크고 그 **길**이 넓어 들어가는 자가 많다.
② 두 종류의 나무 (7:15-20)	좋은 나무 VS. 나쁜 나무	좋은 나무: 좋은 열매를 맺는다.
		나쁜 나무: 나쁜 열매를 맺는다.
③ 두 종류의 제자 (7:21-23)	말하기 VS. 행함	"주여, 주여" 신앙고백만 있고 하나님의 뜻을 행하지 않는 자 VS. 신앙고백과 순종의 행함이 있는 자
④ 두 종류의 집 (7:24-27)	듣기 VS. 행함	반석 위에 집을 짓는 자: 예수님의 말씀을 듣고 행하는, 지혜로운 사람 VS. 모래 위에 집을 짓는 자: 말씀을 듣기만 하고 행하지 않는, 어리석은 자

'좁은 문' VS. '넓은 문'

산상수훈의 결론 적용부에서 예수님은 먼저 '문'(gate)과 '길'(road)의 이미지를 통해서 제자의 길이 얼마나 어렵고 힘든가를 강조하시면서 쉬운 길보다 어려운 길을 가라고 명령하십니다(13-14절).

> 좁은 문으로 들어가라 멸망으로 인도하는 문은 크고 그 길이 넓어
> 그리로 들어가는 자가 많고 생명으로 인도하는 문은 좁고 길이 협착하
> 여 찾는 자가 적음이라.

두 '문'과 두 '길'이 제시됩니다. '좁은 문'과 '넓은 문'이 있고, '좁은 문'을 통과한 다음에도 '좁은 길'과 '넓은 길'이 또 기다립니다. '좁은 문'은 생명으로 이끄는 문이지만, 들어가는 '문'도 좁을 뿐 아니라 그 '길'도 비좁아서 찾는 이가 적습니다. '넓은 문'은 멸망으로 이끄는 문인데, '문'이 넓고 '길'이 널찍해서 그리로 들어가는 사람이 많습니다.

'좁은 문'과 '좁은 길'과 이와 대조되는 '넓은 문'과 '넓은 길', 다시 말해 '문'과 '길'은 모두 다 동일한 의미를 말한다고 봐야 합니다. 그런데도 일단 '좁은 문'에 들어섰다고 해서 다 '좁은 길'을 끝까지 가는 것은 아니기에 '문'과 '길'을 영적으로 구분하는 것도 좋을 것입니다. '문'은 예수 믿기에 들어선 것으로, '길'은 믿은 뒤에 예수님을 따라가는 기나긴 삶의 과정으로 구분할 수 있습니다. '문'은 예수님

을 말합니다.

> 내가 문이니 누구든지 나로 말미암아 들어가면 구원을 받고 또는 들어가며 나오며 꼴을 얻으리라(요 10:9).

'그리스도'라는 문은 너무나 비좁아서 한 사람씩만 통과할 수 있습니다. 한 사람씩 예수를 믿어서 구원받을 수 있다는 뜻입니다. 어느 한 사람이 대표로 믿어서 집단 전체가 구원받는 것은 아닙니다. 한 사람의 믿음이 그 사람의 구원을 결정할 뿐입니다.

믿음으로써 일단 예수님이라는 좁은 문은 통과했는데, 예수께서 제시하신 좁은 길을 끝까지 완주하는 사람은 많지 않습니다. 제자의 길이 고난과 박해의 가시밭길이기에 이 길을 끝까지 가기가 어렵다는 것입니다. 그렇다면 '예수 믿기'라는 좁은 문을 통과했다고 해서, '예수 따르기'나 '예수 살아내기'라는 좁은 길을 다 걸어가는 것은 아닙니다. 그만큼 '신앙고백'과 '신앙생활'이 일치하기가 어렵습니다.

두 문과 두 길에서 중요한 것은 끝나는 목적지입니다. "선택을 잘했는지, 못했는지"는 목적지에 가봐야 압니다. '예수 믿기'라는 '좁은 문'을 통과해서 산상수훈이 제시한 '제자도'(discipleship)를 온몸으로 살아내는 '좁은 길'을 끝까지 따라가다 보면 생명과 구원이 기다립니다. 그러나 쉽고 편안한 '넓은 문'으로 들어가 '넓은 길'을 따라가는 사람, 혹은 좁은 문으로는 들어갔지만, 끝까지 좁은 길로 가지 않고 중간에 넓은 길로 샌 사람을 기다리는 것은 멸망입니다. 최종 목적지는 언제나 '어떤 문'과 '어떤 길'을 택했는가에 따라서 결정됩니다.

좁은 문과 좁은 길을 선택하는 사람은 언제나 적습니다. 넓은 문과 넓은 길을 선택하는 사람은 많습니다. 물론 성경은 장차 '헤아릴 수 없이 많은 무리'가 구속함 받을 것을 알려줍니다(계 7:9). 그러기에 예수께서 말씀하시는 요점은 "구원받을 사람이 소수다 다수다" 하는 숫자의 문제가 아니라, 산상수훈이 제시한 참 제자의 길을 묵묵히 걸어가는 사람이 많지 않을 것이라는 냉엄한 현실입니다.

'제자도'는 '수'나 '양'으로 측정할 수 없는 '질'의 문제입니다. 인기가 있느냐 없느냐의 문제와도 상관없습니다. 2천 년 교회 역사에서 교회가 가장 타락한 암흑기에는 성직자 수나 이들을 먹여 살려야 하는 각종 종교기관이 급증했다는 보고가 있습니다. 성직자의 길이 부와 명예와 권력과 인기를 약속한 듯이 보였을 때는 젊은이들이 신학교에 물밀듯 쇄도했습니다. 예수 믿으면 물질적이고 현세적인 가지가지 축복을 받는다는 기복주의가 판을 칠 때가 교회의 위기 시대였습니다.

예수께서 "누구든지 나를 따라오려거든 자기를 부인하고 자기 십자가를 지고 나를 따를 것이니라"(막 8:34) 하신 깊은 뜻을 헤아리지 못했기 때문이지요. 예수의 제자로 들어가는 문과 걸어가야 할 길이 얼마나 비좁고 험한지를 몰랐기 때문입니다.

거짓 선지자들에 대한 경고

산상수훈은 '분별력'을 강조합니다.

사랑하는 자들아 영을 다 믿지 말고 오직 영들이 하나님께 속하였나 분별하라 많은 거짓 선지자가 세상에 나왔음이라(요일 2:26).

성경에는 '가짜'에 대한 경고가 수없이 등장합니다. '거짓'(pseudo)이라는 단어가 붙는 가짜들이 수많은 교인을 미혹하고 혼란에 빠뜨렸습니다. '거짓 선지자', '거짓 사도'(고후 11:13), '거짓 교사'(벧후 2:1), '거짓 그리스도'(마 24:24; 막 13:22; 요일 2:18, 22)가 차례로 등장했습니다. 이런 가짜들이 출몰해서 교회와 교인들을 현혹했기에 예수님은 이런 가짜들을 조심하라고 경고하실 것입니다. 집안에 사나운 개가 없는데도 문 앞에 '맹견猛犬 조심'이라는 경고문을 붙이는 사람은 없습니다.

15절은 "거짓 선지자들을 삼가라"(Watch out for false prophets)고 경고합니다. 예수께서 염두에 두신 '거짓 선지자들'이 어떤 부류의 사람들인지 정확히 알 수 없습니다. '바리새인들'과 '사두개인들'이 연상되지만, 오고 가는 시대에 교회와 교인들을 미혹하는 모든 부류의 '가짜들'을 지칭한다고 봐도 무리가 없습니다. '가짜 선지자들'을 식별해내는 것은 굉장히 어렵습니다.

거짓 선지자들을 삼가라 양의 옷을 입고 너희에게 나아오나 속에는 노략질하는 이리라(15절).

복음을 짓밟고 복음 전도자를 박해하는 사람들은 '개'와 '돼지'같이 처신하기에 금방 알아낼 수 있지만, 거짓 선지자는 겉과 속이 다르므로 사람들이 쉽게 속습니다. '이리'가 '양'의 탈을 쓰고 있기에 분별이 쉽지 않습니다. 속은 사나운 이리인데, 겉은 부드러운 양으로 꾸미기에 교인들이 번번이 속아 넘어갑니다. 그리하여 거짓 선지자를 환영하고, 그가 던지는 말을 의심하지 않고 받아들입니다. 거짓 선지자일수록 외양을 화려하게 꾸미는 경향이 있기에 더더욱 그렇습니다. 세상이 동경하는 돈과 명예와 학식과 권력으로 자신을 그럴듯하게 치장하기에 그렇습니다.

거짓 선지자들에게 현혹된 교회와 교인들은 참담한 결과를 겪습니다. 개역 개정에는 '거짓 선지자'가 '노략질하는 이리'로 번역됐고, 새번역에는 '굶주린 이리들'로 번역됐습니다. 양의 탈을 썼지만, 속으로는 사람들을 현혹해서 노략질할 궁리만 합니다. 자신의 탐욕을 해소하고자 양들은 어떻게 되든 말든 사욕을 채우기에 급급합니다.

팔레스타인 땅에서 양의 천적은 이리입니다. 이리를 만난 양은 속수무책으로 당합니다. 예수님은 요한복음 10장에서 자신을 삯꾼 목자와 대조하십니다. 선한 목자는 양들을 이리떼로부터 보호하기 위해 언제나 사주四周 경계를 멈추지 않습니다. 그러나 삯꾼 목자는 이리가 쳐들어오면 양들을 버리고 도망칩니다(요 10:12). 거짓 목자는 양들의 생명과 안전은 뒷전이고 자신의 안전과 이득과 명예에 더 관심이 많을 뿐 아니라, 거짓으로 사람들을 미혹해서 공동체 전체를 혼란에 빠뜨립니다.

거짓 선지자 감별법

거짓 선지자들이 교회와 교인들에게 끼치는 해악은 상상을 초월하는데, 과연 이들을 어떻게 감별해내느냐가 관건입니다. 양의 탈을 쓴 이리이기에 말과 용모만으로는 알아낼 방도가 없습니다. 예수님은 양의 탈을 쓴 이리를 알아낼 수 있는 기막힌 식별 기준을 일러주십니다.

> 그들의 열매로 그들을 알지니 가시나무에서 포도를, 또는 엉겅퀴에서 무화과를 따겠느냐 이와 같이 좋은 나무마다 아름다운 열매를 맺고 못된 나무가 나쁜 열매를 맺나니 좋은 나무가 나쁜 열매를 맺을 수 없고 못된 나무가 아름다운 열매를 맺을 수 없느니라 아름다운 열매를 맺지 아니하는 나무마다 찍혀 불에 던져지느니라 이러므로 그들의 열매로 그들을 알리라(16-20절).

양의 탈을 쓴 이리와 같은 거짓 선지자를 가려내려면 외양이 아닌 실상을 봐야 하는데, 실상을 알려면 열매를 주목해야 합니다. 이런 이유로 예수님은 '나무'와 '열매'의 비유를 들려주십니다. 사람들이 어리석어서 '이리'를 '양'으로 오인할 수 있지만, 절대로 오인할 수 없는 한 가지 진실이 있습니다. "열매를 보면 나무를 알 수 있다"라는 진실이지요. 나무의 정체, 나무의 실상은 정확히 그 나무가 맺는 열매로 드러납니다.

이리가 양의 탈을 쓰고 일시적으로 사람들을 속일 수 있을지 모르지만, 나무가 열매로 정체를 드러내듯이 이리가 드러내는 삶의 열매를 보면 그 정체가 드러납니다. '열매'를 보면 '나무'를 아는데, 두 가지를 압니다. 어떤 '종류'의 나무인지와 '나무의 질', 즉 좋은 나무인지 나쁜 나무인지를 압니다. 포도 열매가 열리는 나무는 포도나무입니다. 무화과는 무화과나무에서 열립니다. 포도 열매가 가시나무에서 나올 리 만무하고, 무화과 열매가 엉겅퀴에서 나올 수 없습니다.

포도나무와 무화과나무는 이스라엘의 영광과 축복을 상징하는 상서로운 이미지의 대명사인데, 저주와 심판을 상징하는 가시나무와 엉겅퀴와 대조됩니다. 참 선지자는 포도나무와 무화과나무로, 거짓 선지자는 가시나무와 엉겅퀴와 비유됩니다. 나무의 종류를 알려면 열매를 보면 되고, 질도 나무가 맺는 열매의 질을 보면 됩니다. 좋은 나무는 반드시 좋은 열매를 맺습니다. 나쁜 나무는 나쁜 열매를 맺습니다.

열매로 아는 나무	
① 나무의 종류	포도 열매를 보고 포도나무인 것을 안다. 포도 열매가 가시나무에서, 무화과 열매가 엉겅퀴에서 나올 수 없다(16절).
② 나무의 질	좋은 열매를 맺는 나무는 좋고, 나쁜 열매를 맺는 나무는 나쁘다. 좋은 나무가 나쁜 열매를 맺을 수 없고, 나쁜 나무가 좋은 열매를 맺을 수 없다(17-18절).

"좋은 나무가 좋은 열매를 맺고, 나쁜 나무가 나쁜 열매를 맺는다"(善木善實, 惡木惡實)는 사실은 자연의 법칙입니다. '존재'(being)와 '행위'(acting)가 일치할 수밖에 없다는 것입니다. '인간 됨됨이'에서 일체의 언행이 흘러나옵니다. 예수님은 나무와 열매의 비유로 종말론적 심판까지 염두에 두십니다.

아름다운 열매를 맺지 아니하는 나무마다 찍혀 불에 던져지느니라(19절).

최후 심판의 날에 좋은 열매를 맺는 좋은 나무와 나쁜 열매를 맺는 나쁜 나무가 각각 가려져서 분리와 심판이 완결된다는 것입니다. 결국 거짓 선지자들에 대한 경고는 "그들의 열매로 그들을 알리라"라는 원리로 종결됩니다.

열매는 무엇을?

예수께서 '거짓 선지자들'과 '참 선지자들'을 가려낼 때 그들이 맺는 열매를 주목하라고 말씀하셨는데, 열매는 무엇을 말할까요? 인격과 성품, 언어, 행실, 삶 전체를 말합니다. 그의 존재에서 흘러 나오는 삶의 모든 것입니다. 바울은 성령의 9가지 열매를 적시합니다.

> 오직 성령의 열매는 사랑과 희락과 화평과 오래 참음과 자비와 양선과 충성과 온유와 절제니 이같은 것을 금지할 법이 없느니라(갈 5:22-23).

9가지 열매는 인격과 성품과 관련된 '도덕적 미덕들'(moral virtues)입니다. 거짓 선지자들의 주장이나 언변 기술이 제아무리 그럴듯해도 이런 도덕적 열매가 성품과 행실로 나타나지 않는다면 의심해야 합니다.

열매는 '윤리적 차원'뿐만 아니라 '교리적 차원'도 포함합니다. '정통 진리'가 아닌 '이단 사설'을 퍼뜨려서 수많은 사람을 오류와 혼돈에 빠뜨린다면 이 역시 나쁜 열매를 맺는 것입니다. 하나님의 말씀을 전하고 가르치는 선지자가 참인가 거짓인가를 가려내기 위해서 시험해야 할 것은 그와 관계된 '건전한 교리', '경건한 성품', '윤리적 언행', '회중에 끼치는 영향' 등등 일체를 시험해야 합니다. 궁극적으로는 동기와 목적까지도 살펴봐야 합니다. 거짓 선지자의 특징은 그리스도의 영광이 아닌, 자신의 영광을 더 구하기 때문이지요.

바울은 거짓 교사들이 내뱉는 가르침이 '악성 종양'(gangrene)처럼 빠르게 퍼져나가 사람들의 믿음을 떨어뜨리고, 교회를 분열과 혼란에 빠뜨릴 수 있음을 경고합니다(딤후 2:14-19).

열매로 나무의 종류와 질을 알아내려면 인내심과 기다림이 필요합니다. 나무가 심어졌다고 해서 금방 열매를 거두는 것은 아닙니다. 그러나 언젠가 열매가 나올 것이기에 끝까지 열매를 숨길 수는 없습니다. 열매가 나오면 어떤 나무인지, 충실한지 부실한지 나무의 정체와 관련된 만 가지 진실이 백일하에 드러나기에 그때까지 참고 기다려야 합니다.

산상수훈의 적용부이자 결론부의 '좁은 문'과 '좁은 길'의 비유, '나무와 열매'의 비유는 제자의 삶에 실천 행위가 얼마나 중요한가를 보여줍니다. 흔히 '믿음 구원'과 '행위 심판'을 대별하는데 예수님을 그리스도로 신앙고백 해서 구원을 얻는 것도 중요하지만, 예수님의 성품과 삶을 본받아서 제자다운 삶을 살아내는 것도 그 못지않게 중요합니다. 구원은 믿음을 통해 값없이 주시는 하나님의 은혜로 얻는 선물이라고 한다면, 하나님 앞에서 '잘했다, 못했다' 최종 심판은 순종 행위로 결정될 것입니다.

14. 둘 중에 어느 것을? (2)

〈마 7:21-29〉

"주여, 주여" 할지라도

나무와 열매의 비유로 거짓 선지자들을 경계할 것을 가르치신 예수님은 '말뿐인 신앙'(21-23절)과 '들음뿐인 신앙'(24-27절)을 경고하십니다. '행함이 없는 신앙'을 질타하십니다. 예수님은 '좁은 문'이냐 '넓은 문'이냐 둘 중 하나를 선택할 것을 요구하셨습니다. '좋은 열매를 맺는 좋은 나무'가 될 것인지, 아니면 '나쁜 열매를 맺는 나쁜 나무'가 될 것인지 둘 중 하나를 선택할 것도 요구하셨습니다. 모두 순종과 실천이 뒤따르는 제자도를 강조하십니다. 네 가지 양자택일에서 언제나 선택의 결과가 모든 것을 말해 줍니다.

① '좁은 문' VS. '넓은 문'(7:13-14)	좁은 문 → 생명
	넓은 문 → 멸망
② '좋은 나무' VS. '나쁜 나무'(7:15-20)	좋은 나무 → 좋은 열매
	나쁜 나무 → 나쁜 열매
③ '순종이 없는 신앙고백' VS. '순종을 동반한 신앙고백'(7:21-23)	순종이 없는 신앙고백 → 하늘나라에 들어가기 어려움
	순종을 동반한 신앙고백 → 하늘나라에 들어감
④ '듣기만 하고 행함이 없는 신앙' VS. '듣고 행하는 신앙'(7:24-27)	듣기만 하고 행함이 없는 신앙 → 모래 위에 집을 지었기에 위기 때 무너짐
	듣고 행하는 신앙 → 반석 위에 집을 지었기에 위기 때 안 무너짐

셋째 경고는 두 부류 사람들을 겨냥합니다. 예수님을 '주님'으로 고백하는 '모든 그리스도인'과 '주님의 이름으로' 특출한 사역을 했다고 주장하는 '거짓 선지자들'입니다. 먼저 예수님은 신앙고백이 제아무리 올바르다고 할지라도 이 고백에 걸맞은 순종 실천이 따르지 않는 삶을 비판하십니다.

나더러 주여 주여 하는 자마다 다 천국에 들어갈 것이 아니요 다만 하늘에 계신 내 아버지의 뜻대로 행하는 자라야 들어가리라(21절).

여기 첫 번째 등장하는 이들은 구원이 온전한 신앙고백에 있다고 믿습니다. 그러기에 예수님을 '주님'(κύριε, 퀴리에, Lord)으로 고백합니다. '주님'으로 부른 것은 나무랄 데 없는 신앙고백입니다. 종이 주인을 부르듯이 자신이 예수님의 종이라고 하는, 공손한 고백입니다. 교리적으로 손색이 없는 정통 신앙고백이지요.

이런 호칭을 두 번씩이나 연달아 부른다는 것은 형식적으로 하는 고백이 아니라, 뜨겁고 진지한 고백임을 암시합니다. 이런 고백은 남들이 보는 가운데 공개적으로 했을 것이기에 이 또한 훌륭합니다. 남몰래 홀로 하는 고백이 아니라, 반대와 핍박도 받을 수 있는 공적 영역에서 하는 고백이기에 남다른 각오와 용기가 필요합니다.

그러나 예수님에 대한 신앙고백이 제아무리 교리적으로 정통적이고 열정적이고 공개적인 것이라고 할지라도 훨씬 더 중요한 것이 있습니다. '아버지 하나님의 뜻'을 행하는 것입니다. 더 정확히 '하늘에 계신 내 아버지의 뜻'(the will of my Father in heaven)을 실천하는 것입니다. 예수님은 사람들이 '예수님을 주님으로 옳게 부르는 것'보다, 그들이 '하늘에 계신 아버지 하나님의 뜻을 행하는 것'에 훨씬 더 관심이 많으십니다.

예수님에 대한 영광스러운 호칭보다 아버지 하나님의 뜻을 실천하는 것이 더 중요하다는 말씀은 생각할수록 의미가 깊습니다. 하늘나라는 예수님을 '주님'으로 고백만 하고, 하나님의 뜻을 실천하는 데에는 관심이 없는 사람들이 들어가는 나라가 아닙니다. 그런데도 예수님의 말씀에는 묘한 여운이 있습니다.

개역 개정	나더러 주여 주여 하는 자마다 **다** 천국에 들어갈 것이 **아니요.**
새번역	나더러 "주님, 주님" 하는 사람이라고 해서, **다** 하늘나라에 들어가는 것이 **아니다.**

| NRSV | **Not everyone** (Nicht jeder) who says to me, "Lord, Lord," will enter the kingdom of heaven. |

'다는 ~ 아니다'(not everyone)라는 표현은 이런 이들 가운데에도 하늘나라에 들어갈 가능성이 있음을 열어둡니다.

'주님의 이름으로' 했다고?

제자들 가운데 옳게 신앙고백 하는 일에만 관심을 두고, 하나님의 뜻을 행하는 일에는 관심이 없는 사람들을 경계하신 예수님은 '거짓 선지자들'을 주목하십니다(22절).

| 개역 개정 | 그 날에 많은 사람이 나더러 이르되 **주여 주여** 우리가 **주의 이름으로** 선지자 노릇 하며 **주의 이름으로** 귀신을 쫓아 내며 **주의 이름으로** 많은 권능을 행하지 아니하였나이까 하리니. |
| 새번역 | 그 날에 많은 사람이 나에게 말하기를 "주님, 주님, 우리가 주님의 이름으로 예언을 하고, 주님의 이름으로 귀신을 쫓아내고, 또 주님의 이름으로 많은 기적을 행하지 않았습니까?" 할 것이다. |

'그 날'(on that day)은 최후 심판의 날입니다. 종말이 도래할 그 때에 예수님이 퇴짜를 놓는 둘째 부류의 사람들이 있습니다. 나무와 열매의 비유로 경고하신 '거짓 선지자' 그룹에 속하는 엉터리 사역자들이지요. 첫째 부류의 사람들처럼 이들도 입술로는 "주님, 주

님" 열심히 부릅니다. 고백만 하는 것이 아니라, 한술 더 떠서 '주님의 이름으로' 세 가지 특수 사역을 했다고 주장합니다. '예언을 했고', '귀신을 쫓아냈고', '많은 기적을 행했다'는 것입니다.

'예언'과 '축사'(驅魔)와 '기적'의 초자연적 사역을 했다는 주장인데, 세 사역 앞에는 모두 '주님의 이름으로'라는 단서가 붙습니다. '주님의 이름'을 빌려서 그런 이사와 기적을 행사했다는 주장이지요.

> 그 때에 내가 그들에게 밝히 말하되 내가 너희를 도무지 알지 못하니 불법을 행하는 자들아 내게서 떠나가라 하리라(23절).

한편으로 "주님, 주님" 예수님에 대해 신앙고백을 하는 사람들과 다른 한편으로 "주님, 주님" 부르는 동시에 '주님의 이름으로' 예언과 축사와 기적을 행했다고 주장하는 사람들에게 예수께서 보이신 반응은 차갑기만 합니다.

이제 '이들이 예수님에 대해서 고백하고 주장한 것'에서 '예수님이 이들에 대해서 말씀하시는 내용'으로 넘어갑니다. 이들이 제아무리 예수님을 옳게 고백했고, 제아무리 예수님의 이름으로 놀라운 권능을 행사했다고 주장할지라도 예수님이 이들을 어떻게 생각하시는가가 단연 중요합니다. 예수님은 '밝히', 즉 분명하고도 단호하게 선언하십니다. "나는 너희를 도무지 알지 못했다!"

이들은 예수님을 잘 안다고 확신했지만, 정작 예수님은 이들을 모른다고 하시니 이런 모순이 어디에 있을까요? 예수님은 이들을 '불법을 행하는 자', 즉 '악행을 일삼는 자'로 일축하시면서 하늘나라에서 퇴출하십니다. 예수님이 진정 원하신 뜻은 아랑곳없이 입술로만 '주님' 운운云云했고, 심지어 '주님의 이름'을 함부로 남용하고 악용했기 때문입니다.

> 거짓 그리스도들과 거짓 선지자들이 일어나서 이적과 기사를 행하여 할 수만 있으면 택하신 자들을 미혹하려 하리라(막 13:22).

> 너희는 나를 불러 주여 주여 하면서도 어찌하여 내가 말하는 것을 행하지 아니하느냐(눅 6:46).

신앙고백이 정통적이고, 겉으로 드러난 이사와 기적이 놀라워도 그런 고백과 그런 권능이 정말 예수님에게서 왔느냐의 여부는 그 열매에 달려 있습니다. 지금은 모든 일이 거울을 보듯이 희미하지만, '그날'과 '그때'가 도래하면 만 가지 진실은 백일하에 드러날 것입니다.

두 건축자

'두 건축자의 비유'가 나오는 24-27절은 산상수훈의 최종 결론으로 주목받습니다. '그러므로'(οὖν, 운, therefore)라는 접속 부사는 직접적으로는 바로 앞에 나오는 문맥과 연결되지만, 맨 막바지에 등장하기에 산상수훈 전체에 대한 결론으로 봐야 합니다. 두 건축자가 등장합니다. '지혜로운 건축자'와 '어리석은 건축자'입니다. 두 건축자를 도표로 분석하면 이렇습니다.

지혜로운 건축자	① 산상수훈의 말씀을 듣고 그대로 행하는 자
	② 반석 위에 집을 지은 슬기로운 건축자
	③ 비가 내리고, 홍수가 나고, 바람이 불어서, 그 집에 들이쳐도 집이 무너지지 않았음
어리석은 건축자	① 산상수훈의 말씀을 듣고서도 그대로 행하지 않는 자
	② 모래 위에 집을 지은 어리석은 건축자
	③ 비가 내리고, 홍수가 나고, 바람이 불어서, 그 집에 들이치자 집이 무너졌음

산상수훈의 막바지에도 두 부류의 사람이 등장합니다. '산상수훈을 듣고서 순종하는 사람'과 '듣기만 하고 순종하지 않는 사람'입니다. 셋째 경고는 예수님에 대해서 입술로만 고백하는 사람들을 비판했는데, 넷째는 귀로 듣기만 하고 행함이 없는 사람들을 책망합니다. '말하기 + 행함'과 '듣기 + 행함'을 강조한 것이지요. 예수님을 올바로 말하고 올바로 듣는 것이 다 중요하지만, 예수님의 뜻을 행하는 것보다는 덜 중요합니다.

예수님은 '예수님에 관하여 말하기'(Orthodoxy)와 '예수님의 말씀 듣기'(Orthopathy)와 '예수님 뜻을 실천하기'(Orthopraxis)라는 삼위일체를 강조하고자 2천 년 전 팔레스타인 사람들이면 누구나 다 알 수 있는 건축 비유를 쓰십니다. 이스라엘은 일 년 내내 비가 거의 오지 않는 건기가 계속되다가 우기 때 갑자기 집중호우가 쏟아집니다. 이때 '와디wadi'라는 건곡乾谷이 평소에는 물 없이 바싹 말라 있다가 폭우가 쏟아져 홍수가 납니다.

이런 이유로 팔레스타인 사막 땅에 널브러져 있는 모래 위에 집을 짓는 것은 큰 수고가 들지 않습니다. 그러나 굳건한 반석을 찾아내 집을 짓는 것은 상당한 수고가 필요합니다. 반석을 찾기가 쉽지 않기에 많은 시간과 노력이 필요합니다. 모래 위에 쉽게 짓는 집과 반석 위에 어렵게 짓는 집은 위기 때 차이가 드러납니다.

사람들은 집의 외양만 크고 화려하게 드러내려 하고 그 밑에 깔린 주초는 간과하기에 십상입니다. 지붕 위에 '비'(rain)가 쏟아 내리고, 주추에 '홍수'(floods)가 휘몰아치고, 외벽에 '바람'(winds)이 불어쳐 총체적 위기가 닥치면, 두 집은 달라집니다. 모래 위에 지은 집은 맥없이 무너지지만, 반석 위에 지은 집은 굳건합니다.

상반된 결과를 초래하는 것은 모래냐 반석이냐 하는 '기초'(foundation)입니다. 기초가 튼실하면 거친 풍파에도 끄떡없습니다. 반석 위에 집을 짓는 건축자나 모래 위에 집을 짓는 건축자나 "산상수훈을 귀로 듣는다"는 공통점이 있습니다. '듣는다'는 말은 들은 말씀 위에 집을 짓는다는 뜻입니다.

비가 오고 홍수가 나고 바람이 불어치는 최후 심판의 날이 오기 전까지 두 집에는 차이가 없습니다. 세말의 심판 날에 중요한 것은 건물의 외양이 아니라 이 건물을 떠받치는 기초입니다. 기초는 정통 신앙고백이나 주님의 이름을 빙자한 눈부신 사역이 아니라, 예수님의 뜻을 바로 알고 바로 실천하고 순종하는가의 문제입니다.

예수님의 말씀을 열심히 듣고 '좋다'고 감탄하는 것만으로는 제자의 길을 갈 수 없습니다. 산상수훈을 듣기만 하고 '좋다'고 외치고, 그 좋은 말씀을 주신 예수님을 "주여, 주여" 찬양하는 것만으로 충분치 않습니다. 그러므로 산상수훈은 듣고 고백하고 자랑하고 암송하고 연구하라고 주신 말씀이 아니라, 철저히 생활에 실천하라고 주신 실천 강령입니다. 야고보서 기자는 '행함이 없는 믿음은 죽은 믿음'이라고 단정합니다(약 2:17, 26).

> 너희는 말씀을 행하는 자가 되고 듣기만 하여 자신을 속이는 자가 되지 말라 누구든지 말씀을 듣고 행하지 아니하면 그는 거울로 자기의 생긴 얼굴을 보는 사람과 같아서 제 자신을 보고 가서 그 모습이 어떠했는지를 곧 잊어버리거니와 자유롭게 하는 온전한 율법을 들여다보고 있는 자는 듣고 잊어버리는 자가 아니요 실천하는 자니 이 사람은 그 행하는 일에 복을 받으리라(약 1:22-25).

'윤리강화'에서 '기독론'으로

산상수훈이 끝난 뒤 마태복음 기자는 청중의 반응을 소개합니다(28-29절). 산상수훈이 시작되기 전에 '수많은 무리'가 주 청중으로 등장했는데, 끝난 뒤에도 무리는 주 청중으로서 반응을 보입니다.

마 4:25-5:1	갈릴리와 데가볼리와 예루살렘과 유대와 요단 강 건너편에서 **수많은 무리**(great crowds)가 따르니라 예수께서 **무리**(crowds)를 보시고 산에 올라가 앉으시니 **제자들**(disciples)이 나아온지라.
마 7:28	예수께서 이 말씀을 마치시매 **무리들**(crowds)이 그의 가르치심에 놀라니.

마태복음 기자는 산상수훈을 하나의 '도덕 강화'나 '윤리 교훈'으로 환원還元(reduction)하는 것을 거부합니다. 예수님이 가르치신 '윤리 교훈'보다 이 말씀을 하신 '예수님의 인격'이 훨씬 더 중요하기 때문입니다. 마태복음 기자는 '윤리 강화'(ethical discourses)를 '기독론'(christology) 수준으로 끌어올립니다. 청중이 주의를 집중해야 할 것은 윤리 교훈만이 아니라, 이 윤리를 설파하신 분이 다름 아닌 예수님이라는 사실입니다(29절).

개역 개정	예수께서 이 말씀을 마치시매 무리들이 그의 가르치심에 놀라니 이는 그 가르치시는 것이 **권위 있는 자**와 같고 그들의 서기관들과 같지 아니함일러라.
새번역	예수께서 이 말씀을 마치시니, 무리가 그의 가르침에 놀랐다. 예수께서는 그들의 율법학자들과는 달리, **권위 있게** 가르치셨기 때문이다.

NRSV	Now when Jesus had finished saying these things, the crowds were astounded at his teaching, for he taught them as *one having authority*, and not as their scribes.

산상수훈을 듣고 난 청중은 깜짝 놀랍니다. 예수께서 서기관들, 즉 율법학자들과 달리 '권위 있게' 가르치셨기 때문입니다. 서기관들의 가르침이 아무리 뛰어나도 남이 한 말을 인용하기 일쑤였는데, 예수님은 자신이 하나님의 아들이요 말씀 자체이신 까닭에 다른 사람의 말을 인용하실 필요가 없습니다. 예수님이 '최종 권위'(final authority) 그 자체였다는 것이지요!

우리가 조심해야 할 것은 산상수훈의 가르침에만 감탄하고 이 말씀을 주신 분이 누구인가를 잊어버리는 일입니다. 산상수훈은 하나님의 아들이시요 그리스도이신 주님의 입에서 나온 말씀이기에 권위가 있습니다. 아멘.

붙임 글

사랑은 반석, 미움은 모래

이광훈 목사

(콜로니얼비치 연합감리교회, VA)

마태복음서 기자는 유대인(혹은 유대계 기독교인)들을 주요 대상으로 하여 예수님의 설교를 크게 다섯으로 묶어 자신의 복음서를 구성했습니다. 첫 번째 묶음은 '산상설교'(Sermon on the Mount)로써 천국 시민으로서의 전반적인 그리스도인의 삶에 관한 설교(5-7절), 두 번째 묶음은 선교에 관한 설교(10장), 세 번째 묶음은 천국에 관한 설교(13장), 네 번째 묶음은 교회에 관한 설교(18장), 다섯 번째 묶음은 종말에 관한 설교(23-25장)입니다. 그렇게 한 것은 예수님을 '제2의 모세'로 등장시킴으로써 그들이 예수님이 구약성경에 예언된 '메시아'이심을 믿도록 하기 위함이었습니다.

유대인들에게 모세는 그들의 조상인 고대 이스라엘 민족을 430

년간의 이집트 종살이에서 구출한 최고의 영도자로서 그들에게는 '구세주'와 다름없었고, 무엇보다 모세는 하나님으로부터 직접 십계명(율법)을 전해 받은 불세출의 영웅이었습니다. 신명기사가^{申命記} _{史家}(the Deuteronomist)는 모세의 인물평을 다음과 같이 합니다.

> 그 후에는 이스라엘에 모세와 같은 선지자가 일어나지 못하였나니 모세는 여호와께서 대면하여 아시던 자요, 여호와께서 그를 이집트 땅에 보내사 바로와 그의 모든 신하와 그의 온 땅에 모든 이적과 기사와 모든 큰 권능과 위업을 행하게 하시매 온 이스라엘의 목전에서 그것을 행한 자이더라(신 34:10-12).

따라서 마태복음 기자는 독자들에게 예수님을 모세와 대등한 인물, 곧 '제2의 모세'로 소개함으로써 예수님이 오랫동안 구약이 예언한 메시아이심을 설득력 있게 증거 하려고 했던 것입니다. 이런 점에서 마태복음서 기자가 예수님의 산상설교를 첫 번째 묶음으로 구성한 것도 의미가 있습니다. 그것은 모세가 주로 시내산(호렙산) 위에서 하나님의 말씀(십계명)을 받아 백성들에게 그 말씀의 교훈을 줬기 때문입니다(출 24:12 참고). 이와 달리 누가복음 기자는 유사한 내용의(특별히 설교의 서두와 결론이 서로 같음) 예수님의 설교를 산 위에서가 아니라 평지에서 행한 것으로 보도하고 있기에(눅 6:17), 학자들은 그것을 '평지설교'(Sermon on the Plain)라 이름 짓습니다(눅 6:20-49).

산상설교는 그리스도인이 천국 백성으로서 이 땅에서 어떻게 살아야 할지를 알려주는 일종의 '천국 시민의 삶을 위한 길라잡이'(The Handbook of Christian Life in terms of Heavenly Citizenship)라 할 수 있습니다. 단지 입술과 귀로만 믿는 것이 아니라, 실생활 속에서 그 믿음을 어떻게 몸으로 살아내야 할지를 구체적으로 알려줍니다. 예수님이 경고하셨듯이(나더러 주여 주여 하는 자마다 다 천국에 들어갈 것이 아니요 다만 하늘에 계신 내 아버지의 뜻대로 행하는 자라야 들어가리라 _ 마 7:23). 말씀을 아무리 열심히 읽고 듣고 배워도 실제 그 말씀을 생활 속에서 실천하지 않는다면, 우리의 믿음은 '헛된'(vain) 믿음이요 '거짓'(false) 믿음이며 '죽은'(dead) 믿음일 수밖에 없습니다(약 2:17).

참믿음은 반드시 몸으로 살아내는 믿음입니다. 김홍규 목사님의 해석대로, 생명의 문이신 예수님을 믿는 사람들이 믿음으로 좁은 문을 통과했다면, 이제 그들은 예수님을 따르는 제자들로서 반드시 좁은 길, 곧 믿음을 살아내는 '실천궁행實踐躬行'의 길로 나서야 합니다. 아무리 어렵고 힘들어도 열심히 읽고 듣고 묵상하고 배운 그 말씀을 적극적으로 실천함으로써 우리의 믿음이 참믿음이라는 것을 입증해야 합니다. 예수 그리스도를 믿음으로 구원의 자리에 들어갔다면, 성령의 도우심으로 구원에 합당한 삶, 거룩한 성화의 삶을 살아야 합니다.

15세기 영국의 인문주의자요 의사였던 토마스 리나크르Thomas Linacre라는 사람이 있습니다. 그는 영국 왕 헨리 7세와 헨리 8세의 주

치의로 활동했고, 왕립 의과대학을 설립했고, 위대한 르네상스 사상가인 에라스무스Desiderius Erasmus와 토마스 모어Thomas More 경의 친구이기도 했습니다. 그는 인생 말년에 영국 가톨릭 수도회에 입회하여 생전 처음, 사복음서 한 권을 입수해 읽게 됐습니다. 아직 종교 개혁이 일어나기 전이었기에 성경책은 성직자의 전유물인지라 보통 사람은 읽을 수 없었던 시절입니다.

애석하게도 리나크르가 산 시대는 중세 교회사 가운데서 가장 칠흑 같은 영적 암흑시대였습니다. 당시 알렉산더 6세가 교황으로 있으면서 뇌물을 받고 교권을 오염시켰고, 심지어 그 시대 수많은 성직자가 입에 담기조차 부끄러운 불륜과 근친상간과 심지어 살인에 연루됨으로써 기독교의 수치스러운 역사에 한몫했습니다.

그런 시대에 리나크르는 사복음서를 다 읽고 나서, 한편으로는 복음서에 기록된 예수님의 행적과 교훈에 크게 감명을 받고 놀라면서도, 다른 한편으로는 마음이 몹시 괴로웠습니다. 그가 이런 말을 했습니다. "이것이 복음서가 아니든지, 아니면 우리가 그리스도인이 아니든지 둘 중 하나다." 이 말은 그 시대에 그리스도인이라는 이름을 걸고 사는 사람들, 더구나 교회의 지도자들이라 자처하는 성직자들이 갖가지 악행을 거리낌 없이 자행했다는 사실에 대한 탄식입니다. 입술로는 예수님을 믿는데 행동으로는 예수님을 부인하는 모습, 혹시 이 모습이 오늘 우리 안에도 있지 않은지 철저히 살펴봐야 합니다. 오늘날 교회가 세상으로부터 지탄받는 이유도 여기에 있습니다.

믿는 사람들이 입술로만 하나님을 고백하고 귀로만 하나님의 말씀을 들었지, 정작 행동으로는 하나님을 부인하는 것은 어제오늘의 일이 아닙니다. 고대 이스라엘 백성들을 보십시오. 하나님께서 그토록 오랫동안 수많은 선지자를 보내서 "제발 우상을 섬기지 말라"고 간청을 하셨건만, 하나님의 말씀을 전혀 귀담아듣지 않고 끝까지 불순종의 길로 나아갔습니다. 예레미야 선지자의 외침입니다.

> 사람은 누구나 어리석고 지식이 모자란다. 은장이는 자기들이 만든 신상 때문에, 모두 수치를 당한다. 그들이 금속을 부어서 만든 신상들은 속임수요, 그것들 속에는 생명이 없기 때문이다. 그것들은 허황된 것이요, 조롱거리에 지나지 않아서, 벌을 받을 때에는 모두 멸망할 수밖에 없다. 그러나 야곱의 유산이신 주님은, 그런 것들과는 전혀 다르시다. 그분은 만물을 지으신 분이시요, 이스라엘을 당신의 소유인 지파로 삼으신 분이시다. 그분의 이름은 만군의 주이시다(렘 10:14-16절, 새번역).

예레미야 선지자가 애간장을 태우며 "헛된 우상 버리고 만물을 지으신 하나님을 믿으라"고 외쳐댔지만, 그들은 고집스럽게 우상 숭배의 죄악을 계속했습니다. 그러다가 나중에는 그들이 어느 지경까지 타락했는지 아십니까? 말라기 2:17(새번역)을 보십시오.

> 너희는 말로 나 주를 피롭혔다. 그런데도 너희는 '우리가 어떻게 주님을 피롭게 해 드렸습니까?' 하고 묻는다. 너희는 '주께서는 악한 일을 하는

사람도 모두 좋게 보신다. 주께서 오히려 그런 사람들을 더 사랑하신다'
하고 말하고, 또 '공의롭게 재판하시는 하나님이 어디에 계시는가?' 하
고 말한다.

아무리 주님을 배반하고 패역한 길로 치달았다고 해도 어떻게
"주님께서 악행을 하는 사람도 모두 좋게 보시고, 되려 그런 사람들
을 더 사랑하신다"는 말을 할 수 있습니까?

과거에 이스라엘 백성들에게 주신 율법은 마치 어떤 '명세서明細
書'(a detailed statement)와 같이 조목조목 앞으로 그들이 살아가야 할
길을 제시해 주신 하나님의 말씀입니다. 따라서 그들은 율법을 받
은 것을 특권으로 알고, 율법을 읽고, 듣고, 묵상하는 일을 어떤 일
보다도 부지런히 했습니다. 하지만 아무리 말씀을 열심히 읽고 듣
고 묵상하면 뭣합니까? 그 말씀을 지키지 않으면 극한 타락으로 굴
러떨어질 수밖에 없습니다.

유학儒學은 다섯 가지를 합해서 '공부工夫'(study)라고 합니다. 널리
배우고(博學), 의심이 가는 것을 자세히 묻고(審問), 배운 것을 깊이
생각하며 반성하고(愼思), 잘 분별하여 더 이상 의혹이 없게 되며(明
辯), 힘써 실천하는 것(篤行), 이것이 공부입니다. 공부가 진짜 공부
가 되려면 널리 배우고 익혀 확실히 깨달아 알게 된 것을 힘써 실천
하는 '독행'으로까지 나아가야 합니다.

16세기 영국 철학자 베이컨Francis Bacon은 이런 글을 남겼습니다.

사람을 건강하게 만드는 것은 그가 먹는 음식이 아니라, 그 음식을 잘 소화시키는 것이다. 사람을 부요하게 만드는 것은 그가 벌어들인 돈이 아니라, 그 돈을 잘 저축하는 것이다. 사람을 지혜롭게 만드는 것은 그가 읽은 책이 아니라, 그 책의 내용을 잘 기억하는 것이다. 사람을 진정한 그리스도인으로 만드는 것은 설교가 아니라, 그 설교를 듣고 행하는 것이다.

참으로 귀한 명언입니다. 예수님은 산 위에 모인 무리에게 '두 건축자의 비유'(마 7:24-27)를 중심으로 산상설교의 결론을 내리셨습니다. 예수님이 이 비유를 설교의 결론으로 삼으신 것은 행여 말씀을 들은 사람들이 귀로 듣기만 하고 행동으로 옮기지 않을까, 그것을 염려하셨기 때문일 것입니다. 말씀을 듣고 행하는 사람은 그 집을 반석 위에 지은 지혜로운 사람이나, 말씀을 듣고도 행치 아니하는 사람은 그 집을 모래 위에 지은 미련한 사람이라고 하셨습니다. 말씀 순종은 우리의 삶을 반석 위에 세우는 것과 같습니다. 말씀을 지켜 행하는 일은 우리의 삶을 안전히 보장해줍니다.

반석 위에 세운 집이나, 모래 위에 세운 집이나 겉보기에는 똑같습니다. 평상시에는 잘 구분이 되지 않습니다. 문제는 인생의 거친 풍파가 몰아칠 때 일어납니다. 하나님의 말씀을 지키며 사는 사람은 어떤 인생의 시련이 몰아쳐도 능히 감당할 수 있습니다. 그 삶이 무너지지 않습니다. 우리 인생의 집은 날씨가 아닌, 기초가 문제입니다. 기초가 반석인지 모래인지, 그것이 문제입니다.

여기에서 '기초'(혹은 주초나 토대, Foundation)라는 말에 주의를 기울일 필요가 있습니다. 나무뿌리가 눈에 보이지 않듯이 그것이 반석이든, 모래든 상관없이 모든 건물의 기초도 눈에 보이지 않습니다. 기초가 가리키는 것은 어떤 '근원적인 것'입니다. 그렇다면 두 건축자의 비유는 어떤 근원적인 것에 초점을 두고 있음이 분명합니다. 주님께서는 주일을 지키며 열심히 예배에 참석하는 것, 그 이상을 요구하십니다. 종교적인 열심으로 기도하고 금식하고 구제하고 헌금하고 교제하고 봉사하고 선교하는 것, 그 이상을 요구하십니다. 귀담아 설교 말씀을 듣고 적극적으로 성경 공부에 참여하는 것, 그 이상을 요구하십니다. 주님께서 요구하시는 것은 더욱더 근원적인 기초 문제입니다.

그렇다면 근원적인 그것, 기초는 무엇일까요? '사랑'입니다! 사랑이야말로 모든 신앙 행위의 근간입니다. 그리스도인 됨의 유일한 증거는 예배 출석, 교육, 봉사, 헌금, 심지어 교회의 존재 이유라고 말하는 전도나 선교도 아닙니다. 오직 사랑뿐입니다. 예수께서 말씀하신 '큰 계명'(A Great Commandment)이 무엇입니까? '하나님 사랑'과 '이웃 사랑'입니다.

> … 네 마음을 다하고 목숨을 다하고 뜻을 다하여 주 너의 하나님을 사랑하라 하셨으니 이것이 크고 첫째 되는 계명이요, 둘째도 그와 같으니 네 이웃을 네 자신과 같이 사랑하라 하셨으니 이 두 계명이 온 율법과 선지자의 강령이니라(마 22:37-40).

하나님 사랑과 이웃 사랑은 동전의 양면과도 같습니다. 말로는 하나님을 사랑한다고 하면서 실제로는 이웃을 사랑하지 않는다면, 하나님을 사랑한다는 그 말은 거짓입니다.

> 누구든지 하나님을 사랑하노라 하고 그 형제를 미워하면 이는 거짓말 하는 자니 보는 바 그 형제를 사랑하지 아니하는 자는 보지 못하는 바 하나님을 사랑할 수 없느니라(요일 4:20).

예수께서 말씀하신 '새 계명'은 무엇입니까? '서로 사랑하는 것' 입니다.

> 새 계명을 너희에게 주노니 서로 사랑하라. 내가 너희를 사랑한 것 같이 너희도 서로 사랑하라. 너희가 서로 사랑하면 이로써 모든 사람이 너희 가 내 제자인 줄 알리라(요 13:34-35).

믿음의 형제자매가 온갖 시기와 질투와 미움으로 서로 물고 뜯는 모습은 제자의 참모습이 아닙니다. 그 모습으로 인해 하나님의 영광을 가리고 예수님의 이름이 더럽혀집니다. 이렇게 사랑 없이 예배드리고 봉사하고 가르치고 헌금하고 구제하고 선교하기 때문에 문제입니다. 그래서 우리가 믿지 않는 사람들에게 부정적인 이미지를 심어줌으로써 전도의 문을 스스로 닫아 버리는 결과를 만들어낸다면, 어떻게 하나님 진노의 심판을 피할 수 있겠습니까?

사랑 없는 모든 행위가 모래 위에 세운 집입니다. 헛된 것입니다. 아니 헛될 뿐만 아니라, 파멸로 인도합니다. 사랑하지 않으면, 그리하여 잔뜩 미움의 마음을 품고 서로 물고 뜯으면 망할 수밖에 없습니다. 결국 사랑은 반석이나, 미움은 모래입니다.

무엇보다 사랑이야말로 하나님의 모든 말씀을 실행케 하는 원동력입니다. 오직 이 사랑의 힘으로만 모든 일을 올바로 행할 수 있습니다. 그래서 사랑은 어떤 은사보다 더 근원적입니다. 따라서 모든 은사는 사랑에 의해 반드시 검증돼야만 합니다. 애석하게도 성령의 은사가 충만한 고린도교회에는 정작 사랑의 부재로 인해 각종 불미스러운 일들과 더불어 바울파, 아볼로파, 게바파, 그리스도파 등으로 사분오열돼 큰 시련을 겪었습니다. 바울이 고린도전서 13장에서 그 유명한 사랑의 대서사시를 기록한 이유도 사랑이야말로 가장 근원적 기초임을 설파하려고 했기 때문입니다.

그러므로 사랑은 반석입니다. 모든 것이 사랑 위에 세워지기만 하면 아무 문제가 없습니다. 그 사랑으로 인해 우리의 믿음의 행실이 온전케 됩니다. 이런 이유에서 바울은 "믿음, 소망, 사랑, 이 세 가지는 항상 있을 것인데 그 중의 제일은 사랑이라"(고전 13:13)고 역설한 것입니다.

언제나 우리에게 필요한 것은 사랑입니다. 아무리 겉으로 근사하게 모든 것을 세웠다고 해도 믿음의 기초인 사랑이 없으면 그 모든 것은 그야말로 '사상누각'입니다. 풍파가 닥치면 순식간에 무너집니다. 그래서 바울은 에베소 교회 성도들을 위해 이렇게 기도했습니다.

> 믿음으로 말미암아 그리스도께서 너희 마음에 계시게 하시옵고 너희가
> 사랑 가운데서 뿌리가 박히고 터가 굳어져서 능히 모든 성도와 함께 지
> 식에 넘치는 그리스도의 사랑을 알고 그 너비와 길이와 높이와 깊이가
> 어떠함을 깨달아 하나님의 모든 충만하신 것으로 너희에게 충만하게
> 하시기를 구하노라(엡 3:17-19).

사랑은 반석이나, 미움(사랑 없이 행하는 모든 행위)은 모래입니다. 우리는 하나님 사랑, 이웃 사랑, 서로 사랑을 실천함으로써 지혜로운 건축자의 삶, 진정한 예수 따르미의 삶, 하나님과 사람들 앞에 부끄럽지 않은 천국 시민의 삶을 살아야 할 것입니다. 이것이 바로 산상설교의 결론이자, 핵심입니다.